VINIERON A JESÚS

JAMES D. HERNANDO, PH.D.

SERVICIO DE LITERATURA CRISTIANA
APARTADO 0818-0792 • PANAMA CITY, PANAMA

Usado con permiso del autor
para esta producción y distribución:

Servicio de Literatura Cristiana
Apartado 0818-00792
Ciudad de Panamá, PANAMÁ
Pedidos@ServiciodeLiteraturaCristiana.com

ISBN: 978-1-63368-000-5 libro en rústica
       978-1-63368-001-2 digital

- ÍNDICE -

– Dedicatoria –

Dedico este libro a mi esposa Moira, que amorosamente me estimuló y animó a convertir mi serie de estudios bíblicos en un libro. También fue la primera en leer y corregir el manuscrito. He aprendido a buscar sus opiniones y he llegado a valorar muchísimo sus consejos.

También quisiera dedicar este libro a mis tres hijos: Matthew, Eric y Danny que, en su niñez, fueron una distracción agradable durante mis estudios de postgrado y que me dieron la motivación para seguir adelante hasta concluir mis estudios. Como adultos, siguen siendo para mí una fuente de afirmación, inspiración y estímulo. También me han bendecido añadiendo a nuestra familia dos maravillosas nueras, Aimee y Caylin, y cinco de los mejores nietos del mundo: Chase, Juan, Grant, Callie y Sawyer. Para un hombre no podría haber una mejor familia.

- Reconocimientos -

El apóstol Pablo acostumbraba mencionar y saludar a las personas que eran de ayuda para él en su ministerio. ¡En la Epístola a los Romanos menciona a 26 de ellos! Si bien no puedo mencionar a todos los que me han ayudado y alentado en este proyecto, quisiera nombrar a algunos.

Primeramente agradezco al personal docente de la Victory Trade School en Springfield, Missouri, por haberme invitado a enseñar como parte del requisito de formación espiritual de sus alumnos. Allí fue concebido *Vinieron a Jesús*, como un libro de estudio sobre el Evangelio de Juan. Quiero agradecer a todos los hombres que estudiaron allí los años 2007 a 2008, cuando enseñé esa serie. Gracias a su atención y deseo de aprender fue una alegría enseñarles.

Agradezco a mi buen amigo y misionero Everett Ward, de Servicios Bibliotecarios de América Latina y el Caribe, y su colega Bruce Braithwaite. Su aliento para conseguir que este libro sea traducido al español para América Latina y otros países fue muy inspirador. Gracias por tener fe en este proyecto.

Por último, mi familia de la iglesia cristiana Capilla del Rey merece un inmenso agradecimiento. Sin su generosa ofrenda para la traducción y el diagramado de este libro, nunca se hubiera hecho realidad. Que Dios bendiga su inversión en el reino de Dios y que los bendiga a ustedes por sus ofrendas de amor.

– PRÓLOGO –

Jim Hernando ha invertido su vida estudiando las Escrituras con la precisión cuidadosa de su habilidad como erudito bíblico. Aunque sus habilidades son formidables, es su profundo encuentro con Jesucristo el que también se revela en su estudio. *Vinieron a Jesús* es una crónica de encuentros de variadas personas con Jesús en el Evangelio de Juan.

El primer ejemplo que ofrece el Dr. Hernando narra el llamado de Jesús a Felipe y Natanael para unirse a su ministerio, en la ciudad de Betsaida, que era su ciudad de residencia y un área en que se llevó a cabo gran parte del ministerio de Jesús. La respuesta de ellos a Jesús es más que mera curiosidad, sino más bien una expresión de su anhelo de esperanza, que surge para contrarrestar el futuro poco brillante que todos enfrentaban.

La discusión de Felipe con Natanael muestra un atisbo de la esperanza que estaba creciendo en su corazón para su encuentro inicial con Jesús. Felipe dice a Natanael que Jesús es ciertamente la verdadera expresión viviente de la promesa del Mesías anunciado por Moisés y los profetas. Cuando Felipe agrega que Jesús procede de Nazaret, Natanael invoca el estereotipo de esos días que nos permite saber lo que pensaba la gente acerca de Nazaret. Él bromea: "¿De Nazaret puede salir algo de bueno?" Felipe no argumenta, sermonea o se enfada. Simplemente hace un profundo desafío. Felipe dice a Natanael: "Ven y ve".

En aquellas tres palabras Felipe capta la esencia de lo que este libro trata. Para aquellos que solamente conocen a Jesús como una frase coloquial de frustración o de burla, es muy difícil de explicar quién es Jesús. Para aquellos que permiten que las sombras arrojadas por gente religiosa y sus excesos nublen su comprensión, la emoción de una presunción sostenida durante mucho tiempo es un reto difícil de superar. Así que, tal como Felipe responde a la ironía de Natanael, Jim Hernando dice: ¡Vengan y vean quién es Jesús!

El propósito de Hernando no es ofrecer una jerga profesional que los conocedores usan para hablar acerca de Jesús. Lo que Hernando hace es darnos una percepción sobre los encuentros que personas comunes tuvieron con Jesús. En realidad vemos cómo es Jesús al observar a aquellos que realmente aceptaron la exhortación de Felipe de "venir y ver". Estos encuentros entre Jesús y una variedad de personas nos ofrecen la sustancia de lo que Jesús es en realidad.

Si Jesús es la imagen más clara de Dios que este mundo haya visto, entonces los Evangelios nos proporcionan un registro autoritativo de esta imagen de Dios, a través de encuentros humanos entre Jesús y personas de la vida real. Estos encuentros no se dan en el contexto artificial de los medios de comunicación del siglo XXI donde las personas parlotean la una a la otra, en una programación que tiene como objetivo egoísta una buena "sintonía".

Lo que se ofrece en *Vinieron a Jesús* es el Jesús que revela plenamente a Dios en cuerpo humano, interaccionando en la vida cotidiana con personas reales. Vemos la esencia del Dios que redime, en el registro de las interacciones humanas en el Evangelio de Juan; el tipo de experiencias que la gente tiene cada día. Juan escoge las historias que incluye en su Evangelio con un propósito claro, que él revela al final, en el capítulo 20, versículos 30 y 31.

No incluyó todo lo que Jesús hizo, pero la intención de lo que escribió era conducir a las personas a creer que Jesús era el Mesías, lo cual alteraría significativamente sus vidas, proporcionando "vida" a través de la autoridad y poder transformador residentes en Jesús, el Hijo de Dios.

El lema del Seminario Teológico de las Asambleas de Dios, donde enseña el Dr. Hernando, es "Conocimiento con fervor".

Es decir, creemos que las mentes y corazones fervorosos van juntos. Creemos que las habilidades de erudición bíblica son un complemento a un corazón rendido a Dios. Tal como Felipe invitó a Natanael a venir y ver, yo también le animo a ver este libro como una oportunidad a venir y ver a Jesús de Nazaret; a conocer personas reales, y en esos encuentros ver revelado el corazón de Dios mismo.

Mientras usted lee, puede encontrar al Dios que tanto amó al mundo que dio a su Hijo unigénito, y puede que ese encuentro resulte en un despertamiento espiritual; una vida nueva en el único Nombre a través del cual la vida verdadera, como Dios la diseñó, puede ser experimentada.

Byron D. Klaus, Presidente
Assemblies of God Theological Seminary

- Introducción -

¿Quiénes fueron las personas que vinieron a Jesús y qué buscaban? Esta interrogante me intrigó mientras estudiaba el Evangelio de Juan. Una pregunta parecida posiblemente pasó por la mente del apóstol cuando se dispuso a escribir su Evangelio. Al menos así parece, pues Juan registró numerosas entrevistas personales entre Jesús y otras personas. De hecho, éste es un rasgo distintivo del Evangelio de Juan. Aunque este rasgo no es exclusivo de Juan, ¡al sumar los casos el número sobrepasa los veinte![1] Obviamente, el evangelista mostró gran interés por

---

1 El número exacto dependerá de si solamente se cuentan las entrevistas-diálogos de persona a persona, o si se incluye también los diálogos con más de una persona. La lista de este autor incluye ambos, pero se concentra principalmente en personas individuales, donde hubo un significativo diálogo bidireccional, o cuando grupos son tratados como un grupo individual en tal interacción: dos de los discípulos de Juan 1:35–39 (uno es Andrés, v.40); Pedro/Simón, 1:40–42; Felipe, 1:43; Natanael, 1:45–51; María, su madre, 2:3–4; Nicodemo, 3:1–21; la mujer samaritana, 4:1–42; el oficial del rey, 4:46–54; el paralítico en el estanque de Betesda, 5:1–9, 14–15; Felipe, 6:5–14; los judíos que murmuraban, 6:41–59; Pedro y los 12 discípulos, 6:67–71; la mujer sorprendida en adulterio, 7:53—8:11; el ciego que recibió sanidad, 9:35–38; Marta, 11:17–38; María, 11:17–38; Judas Iscariote, 12:4–8; los griegos en la fiesta, 12:20–28; Pedro, en la última cena; Judas, no el Iscariote, 14:22–24; Felipe, 14:8–14; los que vinieron a detenerlo en el huerto, 18:1–9; Anás, 18:19–23; Pilato, 18:28–38; 19:5–12; María Magdalena, 20:11–17; Tomás, 20:26–29; Pedro (después de la resurrección, Galilea), 21:15–23. El discurso personal con grupos ampliaría este número. Véase los hermanos de Jesús, 7:2–9; los judíos en la fiesta de los judíos, 7:11–24; los fariseos-judíos en el templo, 8:13–47; los fariseos, 9:40—10:18; los judíos en la fiesta de Dedicación, 10:22–39; los discípulos, 11:8–16; la multitud en Jerusalén, 12:34–36.

las interacciones personales de Jesús, posiblemente como una clave para entender el predominante asunto de la fe.[2] Es este tema central de las entrevistas o los encuentros personales que capturan nuestra atención y que requiere de un estudio más profundo. Al progresar en la lectura del Evangelio, nos damos cuenta de que Jesús habla con individuos y con grupos. En el trato con algunos de ellos Jesús fue quien se acercó, pero otros *lo buscaron*.

En este libro se presta especial atención a este último grupo. Mi razón de hacerlo comienza con una búsqueda de lo que los eruditos llaman "pertinencia hermenéutica". En una frase, una interrogante recurrente emerge al interpretar las Escrituras: "¿Entonces qué?" Más detalladamente: "¿Qué nos enseñan hoy estas entrevistas personales?" Ciertamente ellas nos enseñan algo de perdurable valor, y no sólo de interés histórico.

Cuando comencé a estudiar detenidamente los pasajes que registran estas entrevistas personales, note que las circunstancias y razones que motivaron a las personas a buscar a Jesús no son exclusivas de la época de Juan. Hay una cierta continuidad entre los que buscaron a Jesús en la época de Juan y quienes lo buscan hoy. Aunque el contexto histórico y los detalles difieren, las necesidades fundamentales son comunes. Ellas son propias de la condición humana de quienes se encuentran en un peregrinaje espiritual que los *acerca a* Dios, o los *aleja* de Él.

La comprensión de esta verdad nos ayuda a leer el Evangelio de Juan con los sentidos alerta a lo que Dios dice respecto a nuestra propia vida y circunstancias. Tal vez, el aprender por qué la gente vino a Jesús en su época, nos revelará algo acerca de nosotros mismos y de las demás personas. El potencial está allí porque nuestro peregrinaje espiritual a menudo encuentra

---

2 Tenney no solamente vio esto como el tema principal del Evangelio de Juan, sino que estructuró su comentario en torno a este tema. Véase Merrill Tenney, *The Gospel of John*, en el *Expositor's Bible Commentary, vol. 9 (Grand Rapids: Zondervan Publishing House*, 1981), 12–13.

paralelos, y comparte elementos comunes con aquellos que encontramos en el Evangelio de Juan. Los posibles beneficios de tal aprendizaje no pueden más que equipar a la iglesia para ministrar al mundo que la rodea, un mundo compuesto de personas que buscan lo que sólo la fe en Jesucristo puede proporcionar. Si entendemos mejor las dinámicas de esta búsqueda, quizás podremos ser más sensibles y hábiles para mostrarles la dirección correcta. Con esta posibilidad y perspectiva delante de nosotros, lo invito a leer *Vinieron a Jesús,* episodios de encuentros con Jesús en el Evangelio de Juan.

- Capítulo 1 -
Natanael

Juan 1:45-51

Introducción

La primera persona que buscó a Jesús en el Evangelio de Juan fue un judío llamado Natanael. ¿Por qué vino él a Jesús? Su historia es quizás representativa de muchos judíos piadosos que interiormente anhelaban la venida del Mesías.

I. JUAN EL BAUTISTA SUSCITA EXPECTATIVAS MESIÁNICAS

El discurso entre Jesús y Natanael aparece después de que el apóstol Juan introduce el ministerio de Juan el Bautista, que suscitó bastante conmoción en aquella área de Israel. La voz se propagó rápidamente acerca de un extraño personaje profético en el desierto de Judea. Los otros Evangelios nos hablan acerca de su vestimenta, su dieta, y su comportamiento. Vestido de pelo de camello y viviendo de lo que el desierto le proporcionaba (langostas y miel silvestre), Juan atrajo la atención a su ministerio.

A diferencia de la comunidad de Qumrán, que practicaba un ritual de bautismo diario para limpieza, Juan tuvo la audacia (así debieron haberlo pensado los sacerdotes y los levitas) de bautizar a pecadores arrepentidos "para el perdón de pecados". Sin duda la pregunta de ellos ("¿Tú, quién eres?", Jn 1:19) fue tanto un cuestionamiento de su autoridad como una pregunta acerca de su identidad. Él claramente negó las identidades que ellos propusieron. Juan el Bautista no era el Mesías, ni Elías, (cf. Mal 4:5) ni el profeta (cf. Dt 18:15). Hacía mucho tiempo que Israel había aguardado en esperanza al Mesías prometido, o al "Ungido". Según el Antiguo Testamento el Mesías era el siervo escogido de Dios que libertaría a su pueblo, castigaría a los enemigos de Israel, y marcaría el comienzo del reino de Dios, que según 2 Samuel 7:13, perduraría para siempre.

La respuesta de Juan dejó perplejos a los líderes religiosos. Si él no era uno de esos personajes escatológicos (tiempo del fin), ¿por qué entonces bautizaba? ¿Qué derecho o autoridad tenía de hacerlo? Juan contestó presentando su identidad como la revela Isaías 40:3: él es la voz profética que anuncia la venida del Mesías y la preparación para su llegada, al proclamar: "enderezad calzada en la soledad a nuestro Dios".

Tal vez cuando los levitas y sacerdotes estaban a punto de dar media vuelta y marcharse, ¡Juan dijo algo que los motivó a quedarse! Él anunció que la persona de la cual él hablaba ya estaba entre ellos, ¡y en efecto era el "Cordero de Dios, que quita el pecado del mundo"! (Jn 1:29). Las ofrendas por el pecado eran bien conocidas para los judíos. Abel y Noé las practicaron (Gn 4:4; 8:20). Sin embargo, la primera mención de un cordero expiatorio está conectada con el momento en que Abraham presentó a Isaac como una ofrenda (Gn 22:2–8).

Más tarde, la ley prescribió a un cordero como ofrenda por la culpa de Israel (Lv 14:10–25) y como parte del voto del nazareo (Nm 6:12). Pero ahora, Juan dice algo que sin duda asombró los oídos de los judíos. Señalando a Jesús, ¡Juan declaró que Él era *Aquel* que expiaría los pecados del mundo! (1:29,36) Si Isaías 53[3] es el trasfondo que Juan usa para la identificación de Jesús, entonces no solamente señaló a Jesús como el Mesías, sino también el carácter expiatorio y sacrificial de su muerte (cf. Is 53:5,6). Además, Juan describe su visión del Espíritu descendiendo sobre Jesús, confirmando que Jesús era en efecto el Mesías, "y el Hijo de Dios" (1:34; cf. 1).

---

3 Nótese que las citas de Is 53 a menudo son aplicadas a Jesús: Mt 8:17; Lc 22:37; Jn 12:38; He 8:32-35 y 1 P 2:22-24.

El efecto de la predicación y el ministerio de Juan posiblemente encendió el descontrolado fuego de la especulación mesiánica. Probablemente también reavivó la esperanza en el corazón de muchos en Israel. Lo que sigue en Juan 1:35–44 parece confirmar justamente esto. Juan presenta el efecto de su revelación a dos discípulos del Bautista. Después de encontrar a Jesús, uno le cuenta a Andrés, que después le cuenta a Simón Pedro. Felipe encuentra a Jesús y luego le cuenta a Natanael, quien es el centro de nuestro estudio.

II. EL ESCEPTICISMO INICIAL DE NATANAEL (1:45,46)

Al parecer, Juan hizo pausa, o dedicó bastante tiempo a Natanael, lo suficiente para registrar su reacción inicial a las noticias de Felipe acerca del Mesías recién descubierto (v. 45). Cuando Felipe identifica al Mesías, el que fue profetizado por Moisés y los profetas, como Jesús de Nazaret, Natanael además de escepticismo, respondió con sarcasmo. Su objeción: "¿De Nazaret puede salir algo de bueno?" sin duda también fue la pregunta de los líderes religiosos. En Juan 7:52, el Sanedrín responde a Nicodemo, "Escudriña y ve que de Galilea nunca se ha levantado profeta".

Sin embargo, por alguna razón, Natanael sigue a Felipe y se encuentra con Jesús. Quizás la curiosidad pudo más que él, o posiblemente sostuvo la esperanza que caracterizaba a los judíos devotos, que como Simeón, buscaban "la consolación de Israel" (Lc 2:25).

III. EL ESCEPTICISMO SE DESMORONA; LA ESPERANZA SE RENUEVA (1:46–51)

Llaman mucho la atención las primeras palabras de Jesús a Natanael: "He aquí un verdadero israelita, en quien no hay engaño". Tales palabras impresionaron a Natanael, e impulsaron la respuesta natural, si acaso de inseguridad: "¿De dónde me conoces?" Pero la respuesta de Jesús no dejó duda en la mente de Natanael de que estaba en presencia de nada menos que un profeta. "Antes que Felipe te llamara, cuando estabas debajo de la higuera, te vi." Era imposible que conociera los detalles por medios naturales. Pero la revelación profética causó una erupción de fe en el corazón de Natanael, y proclamó precipitadamente dos títulos mesiánicos: "Rabí, tú eres el *Hijo de Dios*; tú eres el *Rey de Israel*."[4]

Jesús aparentemente se sorprende de que una revelación profética tan sencilla suscitara tal declaración de fe. En efecto, Él le dice: "¿Acaso una sencilla declaración profética te impulsa a la fe? Verás revelaciones mayores que ésta." Citando palabras reminiscentes de la visión de Jacob que se registra en Gn 28:10–22, Jesús le dice que él tendría acceso a la revelación única de Dios a través de Él, el Hijo del Hombre.

PENSAMIENTOS PARA CONCLUIR

Natanael representaba a aquellos cuya esperanza estaba menguando a raíz de siglos de corrupción y opresión política por parte de poderíos extranjeros. Las obras judías que se escribieron entre los Testamentos[5] dan testimonio de un doble desarrollo paradójico: por una parte, una expectativa mesiánica ascendente, y por otra, un pesimismo y desesperación en espiral respecto a la realidad histórica de Israel. Natanael recibe una palabra de testimonio. "Hemos hallado al Mesías", y aunque al principio recibió la noticia con escepticismo, Natanael extiende la mano a la esperanza *una vez más*. Esta vez la esperanza se encuentra con una revelación que calma su corazón y establece su fe. TODOS necesitamos esperanza, el tipo de esperanza que sólo la fe en Jesucristo puede dar. Una esperanza que nos eleva por encima de la desesperación y la maldad en este mundo, a una realidad y una victoria que no nos puede ser negada. Un ejemplo contemporáneo ilustrará esto.

---

4 Véanse Jn 1:34; Sal 2:8; He 1:5 y Mt 2:2; 27:42; cf. Jr 23:5; 30:9 y Za 9:9.
5 Véase especialmente la literatura apocalíptica que encontramos en los libros apócrifos del Antiguo Testamento y los libros pseudoepígrafes.

Alexander Solzhenitsyn fue uno de los disidentes políticos encarcelados en la Unión Soviética. Se convirtió a Cristo por el testimonio de un médico que diligentemente cuidaba de sus compañeros de presión. Un día el médico denunció que los guardias robaban de los paquetes postales que recibían los reclusos. Al día siguiente, el médico murió por causa de los golpes de pala que recibió de los guardias.

Día tras día, Solzhenitsyn trabajó en los campos por lo que pareció a una eternidad; en todas partes vio muerte y crueldad. Un día no pudo soportar más. Agotado y sin esperanza, con dificultad se acercó al cerco de la la cárcel, apoyó la pala en el cerco y se sentó. Esperó, y sabía que vendría. Se había resignado a su destino. Esperaba que con toda seguridad los guardias subirían y le ordenarían que volviera al trabajo. Cuando se negara, lo matarían a golpes.

Repentinamente sintió que alguien estaba a su lado. Levantó la cabeza y abrió los ojos. Ante él estaba la arrugada cara de un anciano que llevaba un palo. Sus ojos miraron al suelo en frente de Solzhenitsyn. Ante la mirada de Alexander, él dibujó una cruz en la tierra. Solzhenitsyn miró la cruz, luego a los ojos del anciano. Se levantó, volvió al trabajo y años más tarde escribió el libro *El archipiélago de Gulag* que denunciaría la maldad de la Unión Soviética y cambiaría al mundo.

Todos necesitamos esperanza. La única esperanza que nos puede sostener en esta vida es la promesa de la vida eterna que nos ofrece Jesucristo. Él lo hace a través de la cruz: el mensaje de su muerte y resurrección. Él dio esa esperanza a Natanael, a Alexander Solzhenitsyn, y también quiere que sea para usted.

Preguntas
de reflexión

1. Fuera del evangelio y la obra del Espíritu, ¿qué conduce a las personas a Jesús? Pida que voluntarios compartan un conjunto de circunstancias que los hizo receptivos al evangelio, y a recibir a Cristo como su Salvador.

2. ¿Por qué supone que Juan el Bautista suscitó expectativas mesiánicas como sugiere el autor? ¿Qué hubiera pensado la gente que vio y oyó a Juan, acerca de esta extraña figura profética? ¿Dónde estaba predicando? ¿Cómo se vestía y qué predicaba? Léase Marcos 1:4–8 y Lucas 3:2–18.

3. ¿Ayuda la afirmación en Juan 1:29 a explicar por qué Jesús dijo que de todos los profetas en el Antiguo Testamento no había mayor que Juan? Véase Mateo 11:9–11. ¿Explique por qué Jesús podría haber dicho esto?

4. Felipe le dice a Natanael: "Hemos hallado a aquél de quien escribió Moisés en la ley, así como los profetas: a Jesús, el hijo de José, de Nazaret" (v. 45). Aunque la referencia al Mesías puede encontrarse fácilmente en los escritos de los profetas, ¿dónde escribió Moisés acerca del Mesías? Lea Deuteronomio 18:15–19. ¿Dónde más en la ley podemos encontrar referencias al Mesías? cf. Lc 24:26–27,44.

5. Póngase en en el caso de Natanael. ¿Por qué recibió con escepticismo la proclamación de Felipe? ¿Qué lo habría motivado a usted a seguir a Jesús?

6. Examine por qué Natanael identificó tan rápidamente a Jesús como el Mesías.

7. Defina la "esperanza" como se usa en las conversaciones cotidianas del mundo secular. Ahora establezca un contraste entre ese significando y la manera en que el Nuevo Testamento usa la palabra *esperanza*.

Capítulo 2

Nicodemo

Juan 3:1-21

Introducción

En una calle de Jerusalén se ve la silueta de alguien que al parecer está en una misión clandestina. Lo imagino cubierto con una capucha no tanto para protegerse del frío de la noche, sino para ocultar su identidad.[6] Nicodemo, "un principal entre los judíos" (3:1), tenía posición y riqueza sobresalientes en su comunidad. Además, como fariseo era considerado entre el pueblo como un líder espiritual. Jesús más adelante reconoció su papel como "maestro" en Israel (v. 10). ¿Por qué entonces buscaba él una audiencia con Jesús?

Sin duda en Jerusalén había muchos peregrinos debido a la Pascua de los judíos, y se supo la noticia de que muchos consideraban a Jesús como un profeta, o abiertamente declaraban que

---

6 Algunos podrían argumentar que su llegada por la noche fue algo incidental y que Nicodemo no trataba de evitar la atención pública. Sin embargo, el lector notará que Jesús acaba de suscitar hostilidad entre "los judíos" (es decir, los líderes judíos) al expulsar a los cambistas de monedas del templo (Juan 2:15-17) y encarándolos por haber profanado el templo (vv. 18-21). Su pregunta a Jesús en el v. 18 exigía una señal de que Él tenía la autoridad para obrar de manera tan unilateral en cuanto al templo. La respuesta enigmática de Jesús en el v. 19 en cuanto a levantar el templo en tres días fue completamente malentendida (véase Mt 26:61; 27:40). Tal controversia con los líderes judíos bien pudo despertar cautela en Nicodemo de no ser percibido como uno de sus seguidores.

Él era el Mesías. Los informes acerca del extraño incidente en el templo con los cambistas de monedas sin lugar a dudas llegó a sus oídos. Como fariseo y líder judío, Nicodemo probablemente sintió que era su deber indagar la verdad acerca de este Jesús de Nazaret. Ciertamente, si los informes sobre las señales milagrosas que él hacía eran ciertos, justificaba su investigación personal. Algunos decían: "Nunca se ha visto cosa semejante en Israel" (9:33).

Pero había otra razón, aunque Nicodemo no lo reconociera. Él tenía hambre espiritual de algo más de lo que su religión y estricta adhesión a la Torah le había dado. Quizás había oído el testimonio de otros: "Y se admiraban de su doctrina; porque les enseñaba como quien tiene autoridad, y no como los escribas" (cf. Mr 1:22). Nicodemo sintió la punzada de convicción sobre la verdad implícita en aquellas palabras. Era verdad que él conocía la ley y que era "un maestro de Israel", pero le faltaba algo. La verdad que Él expuso en la sinagoga resonó profundo en su corazón. Había algo acerca de Jesús, algo en su enseñanza y sus hechos que atraía a la gente y él indagaría qué era.

I. CURIOSIDAD CAUTELOSA (3:1,2)

Juan comienza su narrativa con un detalle curioso. Nicodemo vino a Jesús *"de noche"*. Aunque este detalle puede ser simplemente un asunto cronológico, hay buenas razones para pensar que Juan quiso expresar algo más. Primero, se repite en una posterior identificación de Nicodemo en 19:39: "También Nicodemo, el que antes había visitado a Jesús *de noche*" Como sucedió con José de Arimatea, Nicodemo se había convertido en un seguidor secreto de Jesús. Sin embargo, en esa circunstancia, solicitó públicamente el cuerpo de Jesús a Pilato. Abiertamente, a plena luz del día, lleva el cuerpo para ungirlo y sepultarlo (19:40). En segundo lugar, este detalle sirve para resaltar el tema de luz y tinieblas, que es frecuente en el Evangelio de Juan.

De hecho, junto con 3:19–21, este contraste entre luz y tinieblas[7] forma un paréntesis en relación con esta historia.[8] En el Evangelio de Juan, la noche es símbolo de tiniebla espiritual, la ausencia de la verdad revelada de Dios, especialmente lo que es revelado en Cristo.

No se declara explícitamente la razón de que Nicodemo vino a Jesús, pero podemos conjeturar con alguna certeza de que las noticias de los "muchos", que habían creído en Jesús como resultado de las señales milagrosas (2:23), llegaron a sus oídos. Él tal vez sintió que como fariseo y principal entre los judíos tenía el deber de comprobar las afirmaciones y la enseñanza de este célebre rabino de Nazaret. Sin embargo, el liderazgo religioso no veía con mucho entusiasmo[9] a Jesús. Por consiguiente, Nicodemo no quería que su visita a Jesús fuera un hecho conocido por todos, de ahí que la visita fue "de noche". Él estaba cautelosamente curioso.

II. LA INDAGACIÓN SINCERA (BIEN INTENCIONADA) (3:3-10)

Nicodemo saluda a Jesús cortésmente. Reconoce que como él mismo, Jesús es un maestro y se dirige a él como "rabí". Cualesquiera que sean las dudas o preguntas que tiene sobre Jesús, éstas no guardan relación con la autoridad divina de Jesús

---

7 Véanse Jn 9:4; 11:10. Por contraste, nótese que la luz tiene que ver con la verdad revelada de Dios y la nueva vida que ésta ofrece. Véase Jn 1:4–9

8 Véase a Craig S. Keener, *The IVP Bible Background Commentary New Testament*. Downers Grove, IL: InterVarsity Press, 1993, P 269

9 Véanse 1:13–20; 2:18–20. Juan usa el término "los judíos" para referirse a los líderes judíos, a menudo en su oposición a Jesús (cf. 5:10–13, 16–18; 6:41, 52; 7:1–15; 8:48, 52, 57–59; 9:22; 10:19–24, 31–33; 11:8; 13:33; 18:12,14,31,36,38; 19:12,14,20,31,38; 20:19), y a veces de su asombro ante él, pero sin fe (Véanse Jn 7:35; 8:22; 10:24). En otros casos "los judíos" parece referirse al grupo étnico general de gente judía sin referencia de la hostilidad hacia Jesús (11:19,31,33,36,45,54,55; 12:9,11; 18:20,33,39; 19:3,7,19,21,40).

para enseñar. Para Nicodemo esa pregunta tuvo su respuesta en las señales milagrosas que se manifestaban en su ministerio. Las palabras de Jesús en el v. 3 sugieren que las preguntas de Nicodemo trataban menos acerca de su identidad y más acerca del reino de Dios, un tema importante en la enseñanza de Jesús.[10]

Jesús predicó la inminente venida del reino de Dios (Mr 1:14) y Nicodemo, como otros judíos piadosos, la esperaba con gran anhelo (Lc 2:25). Al responder, Jesús declara que la verdadera naturaleza del reino de Dios es espiritual y que su entrada requiere de un renacimiento espiritual que sólo el Espíritu de Dios hace posible.

III. RESTRINGIDO POR LA RAZÓN Y LA TRADICIÓN (3:4-13)

No obstante, Nicodemo no es capaz de pesar la trascendencia espiritual de las palabras de Jesús. En el v. 4 interpreta "nacer de nuevo"[11] dentro de un marco de referencia físico y ¡es imposible! Incluso cuando Jesús corrige esta noción y explícitamente le enseña que este renacimiento es espiritual en naturaleza, y una obra del Espíritu, Nicodemo queda perplejo. Su única respuesta es: "¿Cómo puede suceder esto?"

Nicodemo no fue el primero o el último en tropezar con la profundidad de la enseñanza de Jesús. De hecho, la racionalidad de su tradición religiosa consideraba mucho de lo que Jesús enseñaba no sólo desconcertante, sino a menudo escandaloso. La enseñanza de Jesús revelaba las "cosas... celestiales" (v. 12) porque Él, el Hijo del Hombre, es el único que descendió del cielo a la tierra (v. 13). La salvación, la vida eterna y la evitación del juicio son aseguradas por la fe en Él (vv. 15–18). De hecho, Dios aún ahora mismo juzga al mundo, enviando a su Hijo al mundo, ofreciendo su salvación por creer en Él. La enseñanza

---

10 Véase Stein, Robert H. *The Method and Message of Jesus' Teachings.* Philadelphia: Westminster, 1978.

11 La palabra *anōthen* puede significar "de lo alto," o de nuevo". El significado último es como Nicodemo lo toma.

que Jesús ofrece es nada menos que la revelación de la luz vivificante de Dios a un mundo en tinieblas. La humanidad misma es dividida en dos campos: los que vienen a la luz y los que no lo hacen.

PENSAMIENTOS PARA CONCLUIR

Hay gran simbolismo y metáfora en esta historia como la cuenta Juan. Hay también un toque de ironía, cuando leemos de alguien que busca la luz "de noche". Sin embargo, Nicodemo se da a conocer como alguien que con sinceridad busca la verdad. La persona de Jesús y el carácter de su enseñanza causan una profunda impresión en Él. Nicodemo más adelante se levantaría en contra de sus compañeros fariseos que estaban ansiosos de condenar a Jesús injustamente (7:52). Después, en el capítulo 19, aprendemos que se convirtió en un seguidor de Jesús.

¿Hay personas como Nicodemo en este mundo? Es difícil imaginar que éste no sea el caso. Probablemente se sientan en la periferia de la iglesia, con sinceras dudas y honestas preguntas. También pueden ser "observadores" religiosos con un respeto hacia la autoridad espiritual y una reverencia por lo milagroso, suficientemente perceptivos para darse cuenta de la realidad y de la presencia de Dios.

Sin embargo, estos individuos podrían estar espiritualmente vacíos, si no muertos, y podrían seriamente anhelar una realidad acerca de la cual sólo han oído. Jesús todavía quiere tener un encuentro con ellos e impartirles la vivificante verdad del evangelio. Preste atención a los Nicodemos. Dios puede usarlo a usted para hablarles las buenas nuevas de su Hijo.

Preguntas
de reflexión

1. Póngase en en el caso de Nicodemo. ¿Qué lo movió a buscar a Jesús? ¿Qué riesgos enfrentó en su búsqueda de una entrevista privada con Jesús? ¿Qué inhibe o hasta impide que la gente de cierto nivel social reconozca a Jesús como su Salvador?

2. Haga memoria del período antes de que usted se convirtiera a Cristo. ¿Qué estaba sucediendo en su vida que lo inquietó, o lo intranquilizó en su espíritu? Cuando usted oyó por primera vez el evangelio, ¿cuál fue su reacción inicial? ¿Qué lo condujo a usted a la persona de Cristo como lo proclama el evangelio?

3. ¿Qué distingue a un buscador sincero de un crítico cínico? ¿De qué manera fue Nicodemo un ejemplo de lo primero?

4. Nicodemo era un maestro religioso que conocía la Ley y las escrituras del Antiguo Testamento, sin embargo le era difícil entender la enseñanza de Jesús. ¿Qué es lo que impide que muchas personas inteligentes, instruidas, y religiosas se conviertan a Cristo?

5. Aprendemos del Evangelio de Juan capítulo 19 que Nicodemo se hizo seguidor de Cristo, aunque durante un tiempo mantuvo en secreto su fe. Finalmente, de manera pública, se identifica como discípulo cuando participa en el entierro de Jesús. ¿Qué reprime nuestra disposición a identificarnos abiertamente como seguidores de Cristo? ¿De qué manera nos anima esta historia?

CAPÍTULO 3

LA MUJER SAMARITANA

JUAN 4:1–42

Introducción

A primera vista podríamos sentirnos tentados a pasar por alto esta historia. Después de todo la mujer samaritana realmente *no vino* a Jesús; vino al pozo por agua y sucedió que Él estaba allí. Sin embargo la charla y el intercambio con esta mujer son extensos y revelan mucho de la mujer y su condición espiritual. Comencemos diciendo lo que sabemos a partir del contexto inmediato.

Como reacción al aumento de su popularidad y de las noticias de su ministerio, Jesús sale de Judea y va a Galilea. Juan menciona que su decisión se produjo después de oír que los fariseos averiguaron que Jesús bautizaba a más discípulos que Juan el Bautista.[12] Esto sugiere que Jesús fue precavido de la publicidad que crearía oposición prematuramente, antes de su "hora" divinamente designada.[13] Esa "hora" de sufrimiento pronto vendría y los fariseos jugarían su parte en apresurarla, pero por ahora Jesús tenía mucho trabajo pendiente por hacer.

---

12 Juan rápidamente corrige la noción, pero declara que no era Jesús sino sus discípulos los que bautizaban (cf. v.2)..

13 La redención está siendo orquestada por Dios según su plan y propósito. El término "hora" significa entonces el tiempo señalado por Dios para que se cumpliera algún aspecto de aquel plan. Véase referencias a "mi hora" en Juan: 2:4; cf. "mi tiempo" – 7:6, 8. Véase también "su hora" – 7:30; 8:20; 13:1; "la hora" – 12:23; 17:1; "esta hora" – 12:2

El versículo 4 declara que "le era necesario pasar por Samaria". Aunque la ruta más directa a Galilea era por Samaria, los judíos piadosos a menudo evitaban "contaminarse", y preferían atravesar el río Jordán y viajar por las regiones de Perea y DecápolIs El texto literalmente lee: "Ahora era necesario pasar por Samaria". ¿Podría tal lenguaje señalar una urgencia divina, más que su posición geográfica y su itinerario?

La historia en sí podría sugerir la respuesta. En cualquiera de los casos, Jesús se detiene en un lugar de importaancia histórica para los judíos. Llega a la ciudad samaritana de Sicar, cerca de la porción de territorio que Jacob dio a su hijo José.[14] Acalorado, sediento, y cansado del viaje, Él se detuvo en el pozo de Jacob (Gn 29:10) para descansar, mientras los discípulos fueron en busca de alimentos a un pueblo cercano. Poco después, una mujer samaritana, cántaro en mano, llega a sacar agua.

I. UNA MUJER DESPRECIADA DE UN PUEBLO DESPRECIADO

La sola mención de una "mujer samaritana" habría dicho mucho a su público. En primer lugar, en la cultura judía era impropio que los hombres judíos hablaran con mujeres en público, excepto con sus propias mujeres.[15] Pero aquí había una mujer de una raza mixta, despreciada por los judíos. Los samaritanos debían su origen a la captura y el exilio de diez tribus del norte de Israel. En 721-22 a.C. Asiria había llevado la mayor parte del pueblo lejos, dejando allí sólo a los pobres.[16]

---

14 Véase Gn 33:19; cf. 48:22.

15 Keener, *IVP Bible Background Commentary*, 272.

16 Lea el relato completo en 2 Reyes 17. Nótese que este cautiverio vino a consecuencia de la idolatría y rebelión de Israel contra el Señor (17:2-23). La corrupción religiosa de los judíos restantes vino como resultado del reasentamiento asirio. El resultado inicial fue tan malo que Dios envió un juicio que hizo que el rey asirio devolviera a un sacerdote judío cautivo para enseñar a la gente como temer al Señor (17:27-28). Sin embargo, el daño estaba hecho, y los inmigrantes extranjeros siguieron sirviendo a su dioses nativos además de Yahweh (17:30-41).

Ellos trajeron otros pueblos capturados del Este para ocupar la tierra. Los samaritanos eran entonces el subproducto del matrimonio entre diversas razas de judíos y no judíos. Pero, lo que era aún peor para los judíos, ellos mezclaban elementos de las religiones paganas con la adoración a Yahweh. A lo mucho ellos habrían sido considerados como judíos "apóstatas" que habían corrompido la fe de Israel.

En la época de Jesús la animosidad entre judíos y samaritanos tenía siglos de antigüedad.[17] Cuando los judíos volvieron a su tierra después del exilio, los samaritanos quisieron ayudar con la edificación del templo, pero se les prohibió (Esdras 4). Este rechazo fue amargo para los samaritanos y se convirtió en un profundo odio.

Más tarde, cuando Nehemías volvió para construir las paredes de Jerusalén, los samaritanos activamente se opusieron a ello (Neh 4). Pero nada muestra mejor la tensión racial que el hecho de que, por el tiempo de Jesús, no permitían a samaritano alguno dentro de la zona del templo, ni siquiera en el atrio de los gentiles. La sanción por violar esta ordenanza era la muerte. Josefo, el historiador judío, nos dice el por qué de esto.

En 6 a.C., cuando el procurador romano Coponio estaba en el poder (6–9 d.C.), los samaritanos se escabulleron en el templo la noche antes de la Pascua de los judíos y lo profanaron esparciendo cenizas y huesos de cadáveres humanos.[18]

Ese recuerdo todavía ardía en la mente del público judío de Juan. No es de extrañarse que la mujer se sorprendiera cuando Jesús se dirige a ella.

---

17 Josefo describe una hostilidad que era multifacética. Los samaritanos eran a veces amigos cuando les convenía, y simulaban ser judíos si les otorgaba algún beneficio (*Antig.* 9.14.3), pero negaban la identidad cuando no les daba alguna ventaja (*Antig.* 12.5.5. cf. 9.14.3; 11.4.9).

Históricamente, como se expone más arriba, ellos eran culpables de acoso y hostilidad presentes desde hace mucho tiempo (*Antig.* 12.4.1; Véase también 11.4.9; 20.6.1).

18 Véase Josefo, *Antig.* 18.2.2

Juan explica en el v. 9: "Porque judíos y samaritanos no se tratan entre sí."[19]

Sin embargo, no sólo esta mujer samaritana era menospreciada por los judíos, era menospreciada por su propia gente. Ciertos detalles sugieren esto.

En primer lugar esta mujer va sola a sacar agua del pozo, una actividad que las mujeres en el oriente antiguo a menudo aprovechaban para la interacción social normal

En segundo lugar, ella viene al pozo al mediodía, durante el calor del día. Es plenamente probable que el aislamiento de esta mujer fuera forzado en vez de voluntario.

En tercer lugar, descubrimos que esta mujer era una adúltera inmoral: había tenido cinco maridos y ahora vivía con un hombre que no era su marido. Los samaritanos pueden haber sido apóstatas para los judíos, pero sí creían en la ley que condenaba tal pecado. Con toda probabilidad esta mujer había sido marginada moralmente por su propia gente.

II. UNA MUJER QUE TENÍA MÁS SED DE LO QUE CREÍA

Hay una evidente ironía que caracteriza esta historia. Considerando el título de esta sección, ¿quién tiene realmente más sed: quien pide agua o quien vino a sacar agua del pozo? Es verdad, Jesús es quien pidió de beber, pero el diálogo entre los dos revela una mujer que espiritualmente tenía sed, más de lo que ella entendía. Jesús primero le dice que ella debería pedirle a Él de beber. Si supiera del "don de Dios" y quién hablaba con ella, la mujer le habría pedido y Él le habría dado "agua viva".

En el contexto, entendemos que el don de Dios del "agua viva" es la salvación que Cristo ofrece por el Espíritu (cf. 7:37–39), pero la mujer samaritana entiende sus palabras como

---

19 El verbo en el v. 9 (*sugchraomai*) es usado para compartir el mismo plato o embarcación. cf. 2:6. En el entendimiento judío, ya que los samaritanos eran considerados como "gente inmunda", hacerlo así habría hecho a alguien inmundo.

refiriéndose al agua natural, probablemente una corriente de agua fresca (v. 11). Jesús explica que la sed que sacia el agua natural es temporal, pero el agua que Él ofrece mana de una fuente que salta para vida eterna (v. 14). Las palabras de Jesús despiertan sed en esta mujer y ella le pide esta agua. Sin embargo, todavía no puede entender que Él *no* habla de agua *natural* (v.15).

Repentinamente, sin transición, Jesús le ordena: "Ve, llama a tu marido, y ven acá". Cuando ella contesta que no tiene marido,[20] Jesús tiene la oportunidad de llevar la conversación en otra dirección y a un nuevo nivel. Él la impresiona con lo que dice después: "Bien has dicho: No tengo marido; porque cinco maridos has tenido, y el que ahora tienes no es tu marido; esto has dicho con verdad" (vv. 17,18). Al darse cuenta de que nadie más, excepto un profeta de Dios, podría saber su pasado, ella dice: "Señor, me parece que tú eres profeta". Ahora ella está preparada para hablar de asuntos espirituales.

III. UNA MUJER QUE BUSCA LA VERDAD Y ESTÁ DISPUESTA A RECIBIRLA

Lo que sigue revela que esta mujer no es superficial, insensible, o indiferente a los asuntos religiosos. De hecho, aquí hay una mujer que durante algún tiempo había pensado en su religión y la fe judía. Su primera pregunta es en relación con el lugar del templo y su papel en la adoración. Los samaritanos habían construido un templo en el Monte Gerizim.[21]

En los días de Jesús el templo yacía en ruinas; había sido destruido durante el reinado de Juan Hircano, uno de los reyes asmoneos. Sin embargo, los samaritanos siguieron adorando en ese lugar. Jesús aprovecha la oportunidad de iluminarla en

---

20 Keener observa que dada la laxitud moral de esta mujer, declarar que no tenía ningún marido podría más bien ser equivalente a que anunciara: "Estoy disponible." Véase *Bible Background*, P 273.
21 El sitio del templo se estableció según su propia versión editada del Pentateuco. También establecieron su propio calendario religioso, haciendo sacrificios según su propio orden sacerdotal.

cuanto a la naturaleza de la verdadera adoración. No es cuestión de geografía. No consiste en dónde se adora, sino cómo se adora. La adoración es espiritual en naturaleza, y debe hacerse "en Espíritu"[22] y conforme a la "verdad" (vv. 23,24). Jesús no niega que los judíos posean, o sepan esa verdad, "porque la salvación viene de los judíos" (v. 22). Sin embargo, Dios hace ahora algo nuevo que eclipsará hasta la revelación que fue dada a los judíos.

En este punto leemos lo que tal vez pudo decirse en un suspiro, el anhelo quejumbroso de un alma en busca de la verdad: "Sé que ha de venir el Mesías, llamado el Cristo; cuando Él venga nos declarará todas las cosas". Sin vacilaciones, ni *más discurso, Jesús da a esta mujer samaritana quizás la revelación más clara de su identidad* que encontramos en todos los Evangelios: "*Yo soy, el que habla contigo*" (v. 26).

IV. UNA MUJER PREPARADA PARA TESTIFICAR

Con esas reveladoras palabras todavía resonando en oídos de la mujer, los discípulos retornan. Sin duda quedan impresionados de verlo dialogar con esta mujer. La piedad y la cultura judía desaprobaban que un hombre hablara en público con mujeres, mucho menos una mujer *samaritana*. No se indica si ellos reprendieron a Jesús, o si ella notó su disgusto. Lo que si sabemos es lo que ella hizo.

Las palabras proféticas de Jesús, y la revelación que hizo de sí mismo, habían afectado de tal manera a esta mujer que ella estaba lista para contar a otros lo que había oído. Ella fue y entró en la ciudad (probablemente Sicar). Encontró a algunos hombres, y les dijo lo que le había sucedido. Breves y sencillos puntos, del testimonio de la nueva fe que había encontrado y que

---

22 Mientras que algunas traducciones escriben "espíritu", refiriéndose no al Espíritu Santo, sino al espíritu del hombre, parece improbable que Juan —que acababa de hablar del "nuevo nacimiento" vía el Espíritu (3:5), y más tarde describiera la salvación como el Espíritu fluyendo como agua viva de nuestro ser más íntimo (7:38,39)— no quisiera que el lector viese aquí una referencia al Espíritu como la fuente de la adoración verdadera.

estaba en proceso: "Venid, ved a un hombre que me ha dicho todo cuanto he hecho. ¿No será éste el Cristo?" Los resultados de este sencillo testimonio fueron extraordinarios. No sólo aceptaron los samaritanos su invitación, sino que después de dos días de hablar con Jesús, muchos creyeron su palabra (vv. 40-42). No sólo ellos creyeron que Él era el Mesías, sino que llegaron a la convicción de que Jesús era "el Salvador del mundo". Para ellos, la gran división étnica y religiosa entre judíos y samaritanos había sido borrada en el plan universal de salvación provisto por Dios.

PENSAMIENTOS PARA CONCLUIR

Hay muchas lecciones y asombrosas aplicaciones que pueden derivar de esta dramática historia. Sin embargo, una que sobresale notablemente para este autor es vencer el prejuicio. Éste impide a la iglesia alcanzar al menospreciado y desechado de la sociedad. Hay una inclinación natural en las personas a asociarse con quienes se sienten cómodas. En sí, no hay nada malo en esto. Sin embargo, si eso es todo, nos conduce a la costumbre de alcanzar SÓLO a las personas que de muchas maneras se *parecen a nosotros.*

Podríamos dirigirnos a los que hablan como nosotros, se comportan como nosotros, visten como nosotros, o tienen el mismo nivel socioeconómico que nosotros. De este modo, nuestras inclinaciones naturales han creado barreras culturales que nos mantienen estrictamente interesados en un segmento selecto de la sociedad. Nuestros ojos pasan por alto, con benigna negligencia, a quienes son muy diferentes a nosotros.

La lección que se aplica es bastante directa. Jesús hizo un esfuerzo para encontrarse con una persona que su cultura religiosa despreciaba. Lo que es más, entabló una conversación pública con alguien que su propia comunidad menospreciaba. Podríamos especular sobre cómo esta temprana incursión en la comunidad samaritana tal vez preparó una cosecha posterior de almas (Hechos 8), pero una cosa es segura: para Jesús, esta mujer tenía un valor eterno. Ella valía el estigma social que significaba haber cruzado límites culturales y religiosos de prejuicio para guiarla a la fe.

La pregunta que yo mismo me hago: "¿Estoy dispuesto a hacer como mi Salvador?" ¿Estoy dispuesto a reconocer las preferencias culturales que son muy cercanas al prejuicio, que me enceguecen o me insensibilizan a quienes son "demasiado diferentes" a mí?

Otra pregunta que se suscita es: "¿Qué resultaría si contestamos 'sí' a las preguntas anteriores?" Una experiencia personal sugiere una respuesta fascinante. Hace algunos años comía en un restaurante chino con un grupo de la iglesia. Entre nuestro grupo había una familia con un niño severamente discapacitado, que estaba confinado a una silla de ruedas.

El niño, aunque podía alimentarse solo, lo hacía con gran dificultad y de manera no muy prolija. El restaurante estaba lleno de gente; aun así me di cuenta de que el niño estaba sentado solo en un lugar aislado. Como era de esperarse, hacía un gran desorden mientras se esforzaba en alimentarse.

Finalmente, dejó a un lado los utensilios y terminó empujando la comida hacia el borde del plato, y enseguida hacia su boca con los dedos. Su boca estaba cubierta de arroz y salsa, pero todas las miradas aparentemente querían desentenderse del desagradable espectáculo.

De repente, uno de los jóvenes más populares en nuestra iglesia se sentó al lado de este niño. Él era extrovertido y hablador, con una sonrisa simpática. Al sentarse con el niño discapacitado, le limpió la boca con una servilleta en una manera exagerada, diciendo algo que hizo que el niño sonriera. Pronto otro de los jóvenes se acercó para unírsele, y después otro.

Al mirar en esa dirección noté que se reían con buena intención. Después, uno de los otros jóvenes comenzó a ayudar a alimentar al niño. Otro se unió como haciendo un juego de ello. Esa escena está grabada de manera indeleble en mi mente hasta este día, y la recordé mientras escribía este capítulo.

¿Acaso esto es lo que la iglesia debe hacer para romper su molde de prejuicio egocéntrico, que una persona rompa el molde y haga lo que Jesús hizo –tratar al despreciado y al rechazado de este mundo como personas de dignidad y valor inherentes– y así mostrar el amor y la compasión de Dios?

PREGUNTAS
DE REFLEXIÓN

1. La narrativa de Juan sugiere que el encuentro de Jesús con la mujer samaritana fue determinado por Dios. ¿Ha conocido alguna vez a alguien que usted creyó que Dios había puesto en su camino? ¿Qué le hizo pensar que su "encuentro casual" fue plan de Dios?

2. Nuestra historia caracteriza a la mujer samaritana como "despreciada". ¿Qué factores provocan prejuicio racial? ¿Qué cosas despiertan prejuicio personal hacia algún grupo de personas? Repase por qué razón los samaritanos recibían este trato entre los judíos. ¿Tenían los judíos justificación para mostrar tal prejuicio hacia los samaritanos? ¿Cuándo nuestra polarización justificada se convierte en prejuicio injustificado?

3. ¿Qué hizo que la mujer samaritana fuera despreciada entre su propia gente? Alguien ha dicho que hay pecadores "satisfechos", y luego hay pecadores "sedientos". ¿Qué pruebas indican que la mujer en cuestión cabía en la última categoría? Conversen entre ustedes lo que la motivó a acercarse hacia Dios, o despertar a su necesidad de Él.

4. ¿Qué constituye la *verdadera* adoración a Dios? Hable de la diversidad de "formas" en la adoración cristiana. ¿Cómo

se relaciona la "forma" con el asunto de la adoración "verdadera"? ¿Son todas las "formas" de adoración legítimas e igualmente válidas? ¿Pueden algunas formas de adoración volverse problemáticas, y convertirse en un obstáculo para la adoración verdadera? ¿Bajo qué circunstancias?

5. Piensen juntos en el impacto que el simple testimonio de esta mujer tuvo en los habitantes de su ciudad natal. ¿Qué contribuyó o ayudó a explicar el impacto de su sencillo testimonio?

6. Comente qué grupos de personas podrían ser candidatos para lo que el autor llama "negligencia benigna", o en algunos casos rechazo categórico. Pregunte qué podría hacer la iglesia para comenzar a crear puentes hacia estos grupos, si los creyentes decidieran hacer lo que nuestro Salvador hizo.

Capítulo 4

El Oficial del Rey en Capernaum

Juan 4:46-54

Introducción

Después de su breve estadía en Samaria, Jesús fue al norte y llegó a Galilea. Los galileos que habían sido testigos de sus milagros en Jerusalén le dieron una cordial bienvenida. Él viajó a Caná donde había realizado su primera señal milagrosa de convertir el agua en vino. Mientras estaba allí fue visitado por un oficial del rey, un noble de la cohorte de Herodes Antipas.

Juan nos dice que al oír que Jesús había venido a Galilea, el funcionario hizo un viaje especial a Caná. Aunque no se especifica, lo veo viajando con un séquito de criados. Lo que se deja en claro es la razón de su viaje. Él vino para rogar[23] a Jesús para que viniera y sanara a su hijo que yacía gravemente enfermo en Capernaum, aproximadamente a diecisiete millas [27 kilómetros] de distancia.

I. UN ORGULLO DESTROZADO

El lector de Juan rápidamente nota el contraste entre este oficial del rey y la mujer samaritana al comienzo del capítulo cuatro. Es difícil imaginar dos figuras más contrastantes.

---

23 El verbo usado puede significar "pedir", pero es usado más a menudo para referirse a un ruego fuerte, y a veces es traducido como "implorar" o "suplicar".

Por un lado, tenemos a una mujer de una raza menospreciada por los judíos; pero más que eso, despreciada aun entre su propia gente. Por otra parte, tenemos a un noble estimado por Herodes, tetrarca de Galilea, un poderoso gobernante en la tierra de Israel. Desde luego, el noble era rico y poderoso.

Tal como su soberano, él estaba acostumbrado a obtener lo que quería; ordenaba y lo que decía, se obedecía. ¿Por qué este oficial habrá venido a Jesús? Parece obvio que una razón lo obligó a despojarse de su orgullo, y a adoptar una humildad que los hombres de su posición no poseían.

Irónicamente, el poderoso se había vuelto vulnerable. Todos los recursos a su disposición no podían comprar la salud de su hijo. El orgulloso noble había sido humillado por una crisis de la vida. Ahora, él condesciende en acudir al Profeta por ayuda, e implora que Jesús venga y sane a su hijo que esta "a punto de morir" (v. 47).

II. UN DESPLIEGUE DE PERSISTENCIA

Hay algo casi extraño e insensible en la manera en que Jesús responde a su súplica por ayuda. Él dice: "Si no viereis señales y prodigios, no creeréis" (v. 48), como si estuviera molesto con la petición del oficial. Pero el verbo está en plural, indicando que Jesús no habla solamente al funcionario, sino a los judíos con él.

Tenga presente que Jesús también condenó a fariseos y saduceos como parte de la generación mala y adúltera que siempre demanda señal (Mt 16:1-4). Es probable que Jesús aprovechara la petición del noble para condenar una corriente que imperaba en la creencia judía, una que demandaba señales para establecer su fe.

Pero el funcionario no se da por vencido tan fácilmente. Él insitió: "Señor, desciende antes que mi hijo muera." Su tenacidad es de admirar; y también nos maravilla la fe implícita de que Jesús pudiera sanar a su hijo. Quizás estaba tan desesperado que el rechazo de Jesús no tuvo afecto en su determinación de conseguir la ayuda para su hijo.

III. UNA FE DESESPERADA QUE ES RECOMPENSADA

Lo que sucede después es bastante extraño. Jesús habla, pero no hace lo que el oficial solicita. Simplemente dice: "Ve, tu hijo vive". De manera extraordinaria, el noble no protesta ni exige que Jesús le siga a Capernaum. El texto simplemente dice: "El hombre creyó la palabra que Jesús le dijo, y se fue." Regresó a Capernaum. Mientras iba por el camino, sus criados le salieron al encuentro con las buenas noticias: "¡Su hijo está vivo!" El oficial pregunta en cuanto a la hora en la que comenzó a mejorar la salud de su hijo y descubrió que fue exactamente cuando Jesús había dicho "tu hijo vive".

IV. UNA FE AMPLIADA Y EXTENDIDA

Si hubo alguna duda en la mente del oficial, ya no la hay. Sólo podemos imaginar la escena en su hogar. Toda su casa sabía que el muchacho estaba muriendo, y probablemente estaban escépticos cuando él repentinamente decidió hacer una visita al profeta galileo. Pero ahora vieron por sí mismos lo que sólo podría ser un milagro de Dios. El oficial refirió la historia a los miembros de su casa y todos creyeron. El uso que hace Juan de la palabra "creer" indica que aceptaron a Jesús como el Mesías de Dios.[24]

PENSAMIENTOS PARA CONCLUIR

¿Quiénes son en nuestros días los oficiales de Capernaum? Proceden de todas las condiciones sociales, circunstancias, y situaciones, pero todos tienen un común denominador. La vida les ha propinado una crisis desesperada que va más allá de su habilidad para controlarla o superarla. Tal crisis ha deshecho su orgullosa autosuficiencia. En desesperación piden apoyo a alguien o algo que ofrezca esperanza. A veces el riesgo es grande.

---

24 Juan usa el verbo "creer" (Gr. *pisteuo*) 98 veces. Tenney observa que ésta es más que cualquier otra palabra clave en el Evangelio; de ahí su identificación de la fe como el tema central del Evangelio de Juan. Véase Tenney, *The Gospel of John*, 12,13.

El noble no rendía cuentas a nadie excepto a Herodes Antipas, que había estado molesto durante algún tiempo por la predicación de otro profeta, Juan el Bautista. Juan había condenado abiertamente el adulterio de Herodes cuando contrajo matrimonio con la esposa de su hermano (Felipe). Más tarde, Herodes, en cierto modo renuente, ordena la muerte de Juan.[25]

En la mente de Herodes había un poderoso vínculo entre Juan y Jesús (Mt 14:2). Por consiguiente, buscar la ayuda de este profeta galileo podría considerarse una deslealtad a Herodes. Sin embargo, su desesperada necesidad pudo más que el temor de provocar el disgusto de Herodes. La desesperación no sólo quebró la difícil coraza de autosuficiencia, también ablandó el corazón del oficial a la posibilidad de la fe. Jesús lo encontró en el punto de su necesidad y satisfizo esa necesidad: la sanidad de su hijo.

Un ejemplo moderno del oficial de Capernaum es Chuck Colson, fundador de la *Fraternidad Carcelaria*. También es conocido por haber cumplido una sentencia en cárcel por su participación en el escándalo Watergate, durante la administración de Nixon. Colson, importante asesor del presidente Nixon, estaba acostumbrado a negociar cualquier trato desde una posición de poder.[26]

Había sido de esta manera la mayor parte de su vida. Inteligente y habilidoso, Colson se había elevado a la cúspide de su campo en la profesión legal. Además, era agresivo y seguro de sí mismo. Su experiencia como oficial en la infantería de la marina de los Estados Unidos había contribuido a su altanería

---

25 Para conocer la historia completa, Véanse Mr 6:14-29; cf. Mt 14:1-12; Lc 9:7-9. Herodes estaba temeroso de Juan, pero fue incitado por Herodías, su esposa, para hacer matar a Juan. Por lo visto, ella se había ofendido aún más que Herodes por la reprimenda profética de Juan.

26 El siguiente resumen sintetizado de la vida de Chuck Colson es tomado de su libro, *The Good Life,* Wheaton, IL: Tyndale House Publishers, 2005.

y seguridad en sí mismo, que le sirvió bien en la arena política. Sabía cómo hacer las cosas para llevar a cabo una misión. Sin embargo, una serie de juicios erróneos y equivocaciones políticas lo involucraron en un escándalo de proporciones épicas.

Cuando el encubrimiento Watergate salió a luz, y con ello su participación, Colson consideró el resultado inevitable: ir a la cárcel. Uno sólo puede imaginar la desesperación que ese futuro representaba para alguien que, hasta ese momento, había tenido control de su vida. Hay un pánico que domina a la mayoría de las personas cuando la vida y el valor que poseían se les escapa de las manos. De súbito, él no fue capaz de mantener su seguridad. No sólo había perdido su posición de poder e influencia; su reputación había sido destruida.

Para toda la vida, su nombre se mencionaría como sinónimo de corrupción política: *Watergate*. Es muy posible que Colson también se sintiera atormentado por el efecto que esto tendría en su familia. Sin embargo, no tenía manera de protegerlos. Lo más interesante es lo que mayormente devastaba a Colson respecto a la posibilidad de ir a prisión. Dejaremos que él lo describa con sus propias palabras.

Para mí, lo más devastador de ser encarcelado era la idea de que nunca más haría algo significativo con mi vida. Siempre fui patriota; esa fue la razón de que me ofrecí como voluntario para los infantes de marina. Había entrado en la política motivado por el idealismo, creyendo que podría marcar una diferencia a favor de mi país.

Cuando el presidente me pidió servirle, inmediatamente dejé mis ingresos de seis dígitos porque pensé que era mi deber servir, hacer de éste un mundo mejor. Ahora mi propio gobierno me había puesto en cárcel. Esa nube me seguiría el resto de mi vida. Siempre sería un ex-presidiario... En el futuro nunca sería capaz de votar, ni menos volver a la política, que amaba. Nunca podría cumplir mis sueños.[27]

---

27 Colson, *The Good Life*, 22.

En su hora de desesperación Chuck Colson rindió su vida a Jesucristo. La historia de su conversión es el tema de su primer libro, *Born Again* [Nacido de nuevo], que escribió después de haber cumplido su condena en cárcel.[28] Con lo que Colson no contó fue que Dios redimiría su vida, y le daría un propósito mucho más trascendente de lo que él jamás imaginó. Dios lo llamó a un ministerio que causaría un impacto en el mundo, mediante el poder transformador del evangelio y su mensaje de redención a través de Jesucristo.[29]

Para algunas personas, venir a Jesús es el resultado de una monumental crisIs Tienen que ser aplastados y reducidos a casi nada antes de que vengan a Él. La vida debe llevarlos a una situación tan fuera de su capacidad de control, que finalmente deciden que ya no es posible depender de su propia fuerza y recursos. ¿Conoce a alguien en esta situación, o que esté al borde de tal circunstancia? Quizás éste sea el momento de señalarle al Único que puede recoger los trozos de su vida y crear algo nuevo.

---

28 Véase Chuck W. Colson, *Born Again*, (Tappan, NJ: Chosen Books, 1976).
29 La *Confraternidad Carcelaria*, fundada en 1976 por Chuck Colson, es hoy el ministerio de prisiones más grande en el mundo. Por el 14 de junio de 2007, estaba presente en 110 países del mundo y cuenta con más de 22.000 voluntarios. Véase http://prisonfellowshiPorg/site_hmpg.asp?id=23.

PREGUNTAS
DE REFLEXIÓN

1. Considere algunas de las razones que las personas dan para no volverse a Dios. ¿Qué piensa que podría haber impedido que el oficial veniera a Jesús sino hasta su crisis? ¿Por qué será que la gente rica y poderosa a menudo tiene dificultad para acercarse a Dios?

2. ¿Hubo un quebrantemiento de su orgullo y autosuficiencia antes de que usted viniera a Cristo por salvación?

3. ¿Por qué supone que Jesús respondió de esa manera a la súplica del oficial? ¿Puede recordar otros casos en los Evangelios en que Jesús pareciera "desalentar a las personas" cuando acudieron a Él por ayuda? (Véase, por ejemplo, la mujer cananea.) ¿Qué propósito pudo tener tal acción?

4. ¿Le sorprende a usted la respuesta del oficial a Jesús cuando todo lo que éste dijo fue: "Ve, tu hijo vive"? ¿Qué creyó el oficial? ¿Qué indicó o mostró su fe?

5. Considere el poder de la fe que se extiende a los miembros de nuestra familia. ¿Qué inhibe la influencia de nuestra fe dentro de nuestra propia familia? ¿Cómo podemos maximizar el efecto de nuestra fe en nuestra propia familia? Comparta algunas cosas que usted hace para "cultivar" la fe en su hogar.

6. ¿Qué piensa de la historia de Chuck Colson? ¿Puede identificarse en algo con su sentimiento de impotencia cuando afrontó la la cárcel? ¿Con qué aspecto de su historia se identifica? ¿Por qué?

CAPÍTULO 5

LA MUJER SORPREDIDA EN ADULTERIO

JUAN 7:53—8:11[30]

Introducción

No todos los que vinieron a Jesús lo hicieron de manera tan encomiable. En este capítulo, como veremos, tenemos a un grupo de individuos que vinieron a Jesús con un objetivo nada noble. Como lo cuenta Juan, ellos trajeron por la fuerza a una mujer adúltera. Podemos visualizarlos empujando a la mujer con brusquedad, arrastrándola, hasta que ella finalmente tropieza y cae a los pies de Jesús. Sus captores son un grupo de escribas judíos y fariseos. Un vocero se adelanta y dice: "Maestro, esta mujer ha sido sorprendida en el acto mismo de adulterio. Y en la ley nos mandó Moisés apedrear a tales mujeres. Tú, pues, ¿qué dices?"

Los fariseos nos son bien conocidos en los Evangelios. Con frecuencia son nombrados entre los líderes religiosos que se opusieron a Jesús. Su origen es poco conocido; no obstante la mayoría de los eruditos los ven como procedentes de los *hasidim,* quienes durante el período asmoneo (ca. siglo II a.C.) se opusieron a la introducción de las costumbres griegas en el judaísmo, y representaban la estricta práctica de la ley.

Por lo tanto, se convirtieron en personajes populares favoritos del pueblo, que los consideraba guardianes de la ley y preservadores de la verdadera adoración a Dios. La mayoría de ellos eran laicos y hombres de negocios. Dependían fuertemente de los escribas para su comprensión de la ley y la tradición. Los escribas eran copistas profesionales y estudiosos de la ley. Algunos se convirtieron en expertos y eran conocidos como "abogados". Vinieron a Jesús con un pasaje específico de la ley en mano. Sus palabras se refieren a la ley de Moisés en que estipuló la pena para el adulterio. Por ejemplo, Levítico 20:10 lee: "Si un hombre cometiere adulterio con la mujer de su prójimo, el adúltero y la adúltera indefectiblemente serán muertos."[30] Aunque los fariseos pueden haber parecido nobles en su intención, Juan nos dice que vinieron con otras intenciones.

I. UNA PRUEBA Y UNA TRAMPA

Lo que subyacía en sus palabras no era el celo piadoso de que se cumpliera la ley. En vez de ello, lo que realmente querían era recobrar la popularidad que habían perdido y la influencia pública al desacreditar a Jesús. Su confrontación y desafío eran una prueba y una trampa. Ellos querían ver si Jesús sostendría la ley mosaica. Si Jesús no lo hacía, tendrían motivo para acusarlo de transgredir la ley. Irónicamente, la tradición judía, el punto de vista desde el cual los fariseos interpretaban la ley, ofrecía la posibilidad de descartar la pena de muerte en la mayoría de los casos, y reemplazarla por divorcio u otras penas que no incluían la ejecución del transgresor.[31]

---

30 Véanse también Deuteronomio 22:22-23; cf. 5:18 y Éxodo 20:14.

31 Robert Stein reconoce que el AT y los materiales rabínicos hablan de sentenciar a muerte al adúltero, pero cuestiona el grado en que esto fue practicado. Él escribe: "Parece que aunque en teoría los adúlteros debían ser sentenciados a muerte mediante apedreo (o la hoguera), en la práctica se imponían otras penas (cf. Pr. 6:33-35; Os. 2:3, 10; Ez. 16:37-39; 23:29). Véase R. H. Stein, "Divorce" en el *Dictionary of Jesus and the Gospels,* editado por Scot McKnight y Joel Green (Downers Grove, IL: InterVarsity Press, 1992), 195.

Leon Morris, que comenta sobre este pasaje, señala la Mishnah, sección *Sotah* (5:1) para apoyar su conclusión de que la Mishnah… pareciera dar por supuesto que el castigo para el adulterio sería el divorcio, y no busca aplicar la pena de muerte." Véase Leon Morris, *The Gospel According to John,* en el NICNT, editado por F. F. Bruce (Grand Rapids: Wm. B. Eerdmans, 1971), 887

Cabe reptir, lo que pedían que Jesús respaldara era la pena de muerte, una pena que Roma no permitía que se llevara a cabo. Si Él respaldaba esa sentencia de muerte, se levantaría en oposición a la autoridad de Roma al llevar a cabo unilateralmente una pena de muerte. Si él no lo hacía, sería visto como transgresor de la Ley. En cualquiera de los casos, ellos posiblemente razonaron que Jesús saldría condenado.

II. JESÚS DISPERSA A LOS APEDREADORES

El texto de Juan indica que ellos no dejaron de presionarlo para que respondiese a su desafío. Claramente Jesús, para disgusto de ellos, se tomó su tiempo antes de responder. En vez de hacerlo, se inclinó y comenzó a escribir en tierra con su dedo. Se han gastado barriles de tinta para especular sobre lo que Él escribió. El hecho es que no lo sabemos. Tampoco sabemos si lo que escribió tenía algo que ver con lo que finalmente dijo en el v. 7, pero es divertido especular.[32]

Aún mientras escribía los fariseos y escribas lo presionaban por una respuesta. Después de un rato Él se puso de pie. Uno puede visualizarlo alzando la vista y luego enfrentando la cara de los acusadores con una mirada penetrante. Entonces con voz poderosa y firme, declara: "El que de vosotros esté sin pecado sea el primero en arrojar la piedra contra ella."

Vuelve después a inclinarse para continuar escribiendo en el suelo. Las palabras de Jesús tuvieron un efecto sorprendente sobre ellos. No hubo palabra alguna de protesta o defensa, sólo un silencio estupefacto. Uno a uno, los acusadores se escabullen, comenzando con los hombres más ancianos.[33]

---

32 Algunas de las "conjeturas": Él escribió mandamientos específicos de la ley, en particular el décimo mandamiento: "No codiciarás la mujer de tu prójimo"; pecados cometidos por los presentes en la muchedumbre; nombres de los hombres que habían estado con la mujer. No obstante, no hay modo alguno de corroborar alguna de estas sugerencias.

33 De nuevo, es divertido especular por qué se nos da este detalle. ¿Por qué se marcharon los hombres más viejos primero? No sabemos. Una posibilidad consiste en que con la edad viene la sabiduría de la experiencia. Los mayores

III. MISERICORDIA EXTENDIDA

Jesús desafió a los acusadores a examinar su propio corazón y vida, y a preguntarse si estaban dispuestos a ser juzgados así como estaban a punto de juzgar, sin piedad. Cada judío entendió que si Dios quitaba su misericordia, nadie podría evitar su ira y su juicio. El salmista extendió la pregunta: "JAH, si mirares a los pecados, ¿Quién, oh Señor, podrá mantenerse?" (Sal 130:3).

Después de todo, ¿no eran los sacrificios, sobre todo las ofrendas por el pecado del Antiguo Testamento, un testimonio de la misericordia y el perdón de Yahweh? La misericordía, entonces, era una parte esencial de la ley,[34] la misma ley que estos acusadores estaba tan ansiosos de llevar a cabo.

Finalmente, Jesús queda solo con la mujer. Sus palabras pasan por alto el asunto de la culpa. Ella *era* culpable. Cuando se le pregunta: "Mujer, ¿dónde están los que te acusaban? ¿Ninguno te condenó? Ella dijo: "Ninguno, Señor". Entonces, Él también se inlcuye en ese número: "Ni yo te condeno".

Jesús, en conformidad con su misericordioso Padre, extendió su misericordia a esta mujer. Al hacerlo, mostró el clemente perdón de Dios por el culpable, e implícitamente también su autoridad para hacer lo mismo.

IV. LA MISERICORDIA DE DIOS LLAMA AL ARREPENTIMIENTO

Jesús añade una orden que nos hace pensar: "Vete, y no peques más." Esto deja en claro que la misericordia y el perdón de Dios no son licencia para volver a nuestro pecado.

---

sabían que no había modo alguno de sostener la ilusión de que alguien era inocente ante la ley.

34 Nadie entendió esto mejor que David, cuyos múltiples pecados implicados en su relación ilícita de adulterio con Betsabé (2 Samuel 11) merecían claramente la muerte conforme a la ley. Sin embargo, las palabras de Natán a David ilustran la gran misericordia y la buena voluntad de Dios de perdonar: "También Jehová ha remitido tu pecado; no morirás" (2 S 12:13)

Tampoco esto es simplemente un escape de la sanción o la consecuencia de nuestro pecado. Más bien, Dios extiende su misericordia como resultado de su compasivo amor por nosotros. Su objetivo es producir en nosotros arrepentimiento verdadero (cf. Ro 2:4), y un corazón agradecido que motivará una nueva vida de obediencia voluntaria a los designios de Dios.

PENSAMIENTOS PARA CONCLUIR

Esta historia proyecta una gran sombra en la historia humana. Alcanza a personas de toda condición social y de todo lugar del mundo. Los escribas y los fariseos representan a los que vinieron a Jesús no como aliado, sino como enemigo. No lo buscaban porque necesitaran su ayuda o para recibir la verdad, sino sólo buscando una ocasión para desacreditarlo. La respuesta de Jesús al desafío que ellos le presentaban no satisfizo sus intenciones.

En cambio, lo que sí reveló, fue el orgullo religioso en su condenatorio corazón. Ya que apelaron a la ley, no podían ignorarla al responder al desafío de Jesús. La vara para medir de la ley demostró que todos ellos habían pecado y no satisfacían la perfecta norma de Dios (cf. Ro 3:23). Lo que es más, las palabras de Jesús revelaron que habían olvidado una verdad crucial en su relación con Dios. La aceptación ante Dios fue posible gracias al clemente perdón y la misericordia de Dios. Ésta fue confirmada cada vez que un adorador judío del Antiguo Testamento presentaba un sacrificio por el pecado.

Hay un refrán popular que distingue la gracia y la misericordia, que dice: "Gracia es recibir lo que no merecemos; misericordia es no recibir lo que realmente merecemos."

La mujer adúltera era culpable. Todos los protagonistas en el relato lo sabían: los escribas y fariseos, Jesús, y hasta la misma mujer. La pregunta no era si Jesús ratificaría la ley, más bien, si en este caso, como Santiago escribió más tarde: "La misericordia triunfa sobre el juicio" (Stgo 2:13). En esta ocasión, Jesús respondió como su Padre: misericordioso y dispuesto a perdonar al culpable.

A menudo en la vida nos encontramos con personas que sufren las consecuencias de su pecado. Sin embargo, de vez en cuando nos cruzamos con alguien que ha sido extrañamente protegido de esas consecuencias. No ha recibido lo que merece, y esto despierta en nosotros una puritana indignación. Interiormente queremos que reciba su "merecido castigo".

Esto es cierto sobre todo cuando se trata de creyentes que están conscientes de lo que hacen. En tales casos, posiblemente en silencio, pidamos que "la disciplina del Señor" haga que se vuelvan de sus "malos caminos". Es posible que hasta queramos ofrecernos para lanzar esa primera piedra. Quisiera decir que la historia que una vez más se acaba de presentar contiene una corrección para nosotros. ¿Quién no ha recibido la misericordia del Señor? ¿Podemos decir sinceramente que hemos obtenido lo que merecemos, que hemos cosechado una medida justa de lo que hemos sembrado en pecado y desobediencia?

Si contestamos sinceramente a estas preguntas, tal vez lentamente soltaremos la piedra que hemos tenido en la mano. Es posible, que como la mujer adúltera, con agradecimiento dejemos escapar un suspiro de alivio, nos levantemos y nos alejemos, con la determinación de no volver a pecar.

PREGUNTAS
DE REFLEXIÓN

1. ¿Alguna vez ha conocido a un "fariseo", es decir, alguien que se comportó como los fariseos en esta historia? ¿Cuál fue esa ocasión? ¿Cómo lo hizo sentir? Explore lo que "motiva" a los fariseos (pág. 46). ¿De dónde obtuvieron su sentido de importancia? ¿Cómo cree usted que consideraban a la mujer adúltera?

2. ¿Cuál cree usted que fue el verdadero motivo de los fariseos cuando arrastraron a la mujer adúltera delante de Jesús con

su desafío? ¿Por qué los fariseos veían a Jesús como una amenaza? ¿Qué trataban de proteger o defender?

3. Diviértase un poco. Especule respecto a lo que Jesús tal vez escribió en tierra. Comente si habrá alguna conexión entre lo que escribió y lo que dijo en Juan 4:7.

4. Este autor ha pensado por mucho tiempo que la *misericordia* es fundamental para entender la relación de pacto de Jehová con Israel. Lea Éxodo 3 y note sobre todo los vv. 7,9,16,17. Comente el punto de vista del autor y si cree que es acertado.

5. ¿Qué esperaba Jesús que hiciera la mujer adúltera después de su rescate y clemente negación a condenarla? Lea Romanos 2:1–7, y sobre todo note el versículo 4. ¿Cuál es una respuesta adecuada a la misericordia de Dios? Generalmente, ¿qué hace la mayoría de los pecadores ante el clemente ofrecimiento del perdón de Dios? ¿Por qué supone que éste es el caso?

6. Considere la diferencia entre el juicio del pecado y la actitud *condenatoria*. ¿En qué momento nuestro discernimiento moral y justa indignación por causa del pecado puede convertirnos en "fariseos"?

7. ¿Qué puede impedir que nos convirtamos en "fariseos"? Véase Gálatas 6:1–5. Considere qué consejo da este pasaje en respuesta a esta pregunta.

- CAPÍTULO 6 -
LOS JUDÍOS EN EL TEMPLO

JUAN 10:22-42

Introducción

Esta historia tiene lugar en Jerusalén durante una de las principales fiestas nacionales de Israel. Esta fiesta no estaba prescrita en la ley del Antiguo Testamento. La Fiesta de la Dedicación (v. 22) tuvo su origen a la rebelión de los macabeos que comenzó en 168 a.c. Judas Macabeo dirigió una rebelión contra el rey seléucida (sirio), Antíoco IV, que quiso destruir la religión de los judíos.

En cierto punto enfureció a la gente, ofreciendo un cerdo en el altar de templo. La rebelión fue exitosa y en 165 a.c., Judas comenzó la limpieza y nueva dedicación del templo. La Fiesta de la Dedicación conmemoraba ese acontecimiento. Esta fiesta podría haber despertado sentimientos nacionalistas entre los judíos ya que el acontecimiento original marcó la última vez que Israel tuvo verdadera autonomía nacional o gobierno propio.

Los recuerdos e imágenes del heroico Judas Macabeo[35] evocaría naturalmente la esperanza del Mesías prometido, cuya llegada traería la liberación a Israel de sus enemigos. Israel, bajo el yugo opresivo de Roma desde 63 a.C., tenía motivo para anhelar tal liberación.

---

[35] Literalmente, "Judas, el martillo" conocido por ser rápido como un rayo, y sus golpes poderosos contra los sirios.

Algunos de estos pensamientos y sentimientos al vez provocaron la pregunta que fue presentada a Jesús. Los judíos lo rodearon y le preguntaron con un aire de impaciencia y en tono de exigencia: "¿Hasta cuándo nos turbarás el alma? Si tú eres el Cristo, dínoslo abiertamente." La pregunta que nosotros debemos hacer es: "¿Qué realmente querían estos judíos que Jesús hiciera o dijera?" Además, si Él hubiera hecho exactamente lo que ellos le pedían y hubiera dicho: "Sí, yo soy Cristo", ¿ellos le habrían creído? A juzgar por la respuesta de Jesús ("Os lo he dicho, y no creéIs"), parece seguro que no lo habrían hecho.

Cuando recordamos lo que Jesús ya había declarado sobre sí, es difícil imaginar algo que no hubiera dicho. Desde el inicio del Evangelio de Juan, Jesús habló de Dios en términos que declaraban su relación única de Hijo con el Padre.[36]

Esa relación era tan escandalosa para los judíos, que ya habían intentado apedrearle (8:59), y es comprensible si consideramos la mentalidad de ellos. En el capítulo 5 Jesús había presentado una unidad de acción divina del Padre y el Hijo, que incluía la resurrección (vv. 21-26) y el juicio eterno (vv. 27-29). Creer las palabras del Hijo era creer el testimonio del Padre (vv. 30-32,37). Éste incluía el testimonio de Juan (v. 33), los milagros del Padre (v. 36), y las Escrituras (v. 39). De hecho, creer en Él era recibir vida eterna.[37]

Tenga en cuenta que Jesús ya había declarado su identidad como el Mesías a personas selectas: la mujer samaritana (4:25,26) y el hombre que había nacido ciego (9:35-37). A éste último le preguntó: "¿Crees tú en el Hijo de Dios?"[38]

---

36 Véanse Juan 2:16; 3:35-36; 5:17; 6:32; 40; 8:19, 38, 49, 54

37 Véanse Juan 3:15-16, 36; 5:24,39; 6:40, 47, 68.

38 "El Hijo del Hombre" es el título favorito que Jesús usó para sí mismo, más de 80 veces en los Evangelios. Por los días de Jesús el título "el Hijo del Hombre" podría ser usado en varios sentidos, pero un uso claro que se desarrolló dentro del judaísmo entre los Testamentos fue como título para el Mesías.

Esto probablemente provino de la referencia de Daniel a una figura divina que aparece en Daniel 7:13,4 y cuyo reino es eterno "y no será destruido".

Cuando el hombre responde: "¿Quién es, Señor, para que crea en Él?" Jesús declara de modo inequívoco: "Pues le has visto, y el que habla contigo, Él es". Entonces volvemos a nuestro asunto original: ¿Por qué los judíos interrogan a Jesús acerca de lo que ellos mismos habían dicho? ¿Por qué vinieron, y en qué condición espiritual?

I. VINIERON CIEGOS, PERO A FIN DE VER

Con toda la probabilidad, como Jesús mismo dice, su problema no era la falta de claridad respecto a lo que Jesús había dicho acerca de su identidad. Su problema era la falta de fe. Esto los llevó a negarse a ver en las obras de Jesús la presencia y el poder de Dios.

Aquí hay un caso donde los que vinieron a Jesús no fue por una necesidad genuina, o un sincero deseo de conocer la verdad. Venían para desafiar y rechazar. En su mente ya habían tomado una decisión. El corazón de cada uno ya estaba sellado con incredulidad. El pasaje a continuación es una explicación de las palabras de Jesús.

Dijo Jesús: Para juicio he venido yo a este mundo; para que los que no ven, vean, y los que ven, sean cegados. Entonces algunos de los fariseos que estaban con Él, al oir esto, le dijeron: ¿Acaso nosotros somos también ciegos? Jesús les respondió: Si fuerais ciegos, no tendríais pecado; mas ahora, porque decís: Vemos, vuestro pecado permanece. Juan 9:39-41

Los fariseos leyeron entre líneas y preguntaron: "¿Acaso nosotros somos también ciegos?" La respuesta de Jesús aclara que su ceguera no era física. El problema era la ceguera espiritual, una ceguera provocada por ellos mismos. Los judíos eran ciegos por elección. Ellos *no podían* ver la verdad porque no *querían ver* la verdad.

Hay un tipo de ley espiritual en acción. Dice algo como esto: la palabra de Dios que es rechazada endurece el corazón del incrédulo, y destruye la capacidad de percibir la verdad aunque ésta sea revelada con toda claridad.[39] Ni siquiera podían creer que las señales milagrosas que Jesús había hecho fueran obra del Padre (v. 32); obras específicamente hechas para que fueran testimonio del Hijo (v. 25).

Algunos teólogos tal vez quisieron atribuir su ceguera a algún decreto divino de predestinación o elección, pero no es probable que Jesús tuviese tal cosa en mente. Estos judíos eran culpables. Su ceguera era el producto de una elección deliberada de rechazar la obra y la palabra de Dios dada por medio de Su Hijo. Al rechazar la verdad habían adoptado su ceguera espiritual, y sellado su propio destino eterno.

II. VINIERON PIDIENDO RESPUESTAS, PERO SIN PODER OÍR

La incredulidad de los judíos también testificaba de su verdadera identidad. Las ovejas de Dios son las ovejas del Hijo que el Padre le ha dado (v. 29).

---

39 Para una clara ilustración de esto en el AT, véase Isaías 6. Isaías contesta el llamado de ir y predicar a Israel y advertirles de los juicios inminentes de Dios (v. 8). La comisión de Dios implica predicar lo que causará un endurecimiento judicial del corazón colectivo de Israel: "Anda, y di a este pueblo: Oíd bien, y no entendáis; ved por cierto, mas no comprendáIs Engruesa el corazón de este pueblo, y agrava sus oídos, y ciega sus ojos, para que no vea con sus ojos, ni oiga con sus oídos, ni su corazón entienda, ni se convierta, y haya para él sanidad" (vv. 9,10).

Cuándo Isaías pregunta: "¿Hasta cuando?" el Señor contesta: "Hasta que las ciudades estén asoladas *y* sin morador, y no haya hombre en las casas, y la tierra esté hecha un desierto." En otras palabras, Isaías debía predicar hasta que el juicio fuera completo. La revelación profética que llevó numerosas advertencias y llamados al arrepentimiento, no produciría un arrepentimiento nacional. En cambio, esto serviría para endurecerse cada vez más Israel en su rebelión, y solicita el justo juicio de Dios. Uno no puede imaginar una comisión más triste para un verdadero profeta de Dios. La ironía es igualmente trágica. La palabra que fue ordenada para traer la luz a la nación serviría para sumirlos en la tiniebla espiritual, aquella que ellos mismos habían creado.

El hecho de que los judíos no recibieran su testimonio y creyesen, indica que no eran sus ovejas (v. 26). Si fueran sus ovejas ellos oirían, reconocerían su voz, y lo seguirían. Claramente, Jesús no los reconoce. Ellos *no* son del rebaño de Dios, es decir el pueblo de Dios ahora llamado a una relación a través de las palabras y las obras de su Hijo, Jesús, el Mesías.

III. VINIERON LISTOS PARA APEDREAR AL HIJO Y RECHAZAR AL REVELADOR

Cuando Jesús declara la sin igual unidad de relación que tiene con el Padre: "Yo y el Padre uno somos", los judíos se preparan para apedrearlo. Desde su punto de vista, tal declaración era blasfema ya que afirmaba igualdad con Dios. La acusación de blasfemia podría ser atribuida cada vez que alguien dijera algo que menoscabara el honor y la gloria de Dios, es decir, afirmar algo que deshonrara el nombre, el carácter o el ser esencial de Dios.

Sin embargo, Jesús no sólo había hecho afirmaciones sin igual sobre su relación con su Padre; Dios de hecho había confirmado sus palabras con señales, milagros que eran testimonio de la presencia y el poder de Dios obrando (cf. 3:2). Los judíos estaban ciegos a la revelación y al testimonio de estas obras. El carácter de estas obras no estaba en cuestión. Incluso los judíos las reconocieron como "buenas" (v. 33). ¡Lo difícil de concebir es que pudieran pensar que estas obras vinieran de un blasfemo o que siquiera las produjera!

Su acusación habría tenido mérito si Jesús hubiera sido sólo "un hombre", aunque no necesariamente. Incluso si ese hubiera sido el caso, Jesús muestra que su afirmación de ser el divino Hijo de Dios es bíblicamente justificable. La ley misma[40] confiere el estado divino en las personas que cumplen la función divina de jueces (Salmo 82:2-6). Finalmente, Jesús señala que el criterio determinante para decidir la verdad de sus afirmaciones debería ser el testimonio de validación del Padre.

---

40 Note que la cita del Salmo 82:6 indica que Jesús ve toda Escritura como la instrucción, Torah o la ley de Dios.

Ciertamente las obras de su Padre son evidentes en las obras milagrosas hechas en el nombre del Padre. Sin lugar a dudas, declaran que Padre e Hijo trabajan juntos (v. 38), y que el Padre ha santificado y enviado a Jesús al mundo (v. 36). Nosotros pensaríamos tal cosa, pero las palabras de Jesús sólo sellaron la rebeldía de ellos. Si hubieran podido, lo hubieran prendido, pero de alguna manera, quizás milagrosamente, "Él se escapó de sus manos".

PENSAMIENTOS PARA CONCLUIR

La capilla estaba llena; todos estaban a tiempo. Ya todos los estudiantes habían oído la noticia acerca del orador que los visitaba. El testimonio de este hombre era absolutamente increíble.

Joe Riley (no su verdadero nombre)[41] trabajaba para una compañía rural de electricidad en el mantenimiento del alambrado eléctrico. Durante una tormenta de nieve lo enviaron a reparar una línea de energía. Trepó el poste a la manera antigua, usando botas con clavos, y comenzó su trabajo. En el proceso, accidentalmente tocó la línea de alta tensión principal, y más de 17.000 voltios de electricidad se descargaron a través de su cuerpo. La herramienta que tenía en la mano quedó soldada al alambre. Las fotos que mostró eran grotescas, un pedazo carbonizado de carne ennegrecida colgando.

Pero el relato que siguió fue tan increíble como las inolvidables fotos. La ambulancia de emergencia lo descolgó y lo trasladó al hospital. Nadie en la ambulancia pensó que estaba vivo, pero entonces descubrieron débiles señales de vida. Aún así ninguna medida heroica fue tomada para preservar su vida, ya que tres cuartos de su cuerpo estaban cubiertos con quemaduras de tercer grado.

---

41 El autor estuvo presente en este servicio de capilla como joven miembro del cuerpo docente de *Trinity Bible College* en Ellendale, ND. Debido a que no fui capaz de conseguir una cinta de audio del servicio de capilla, he usado un nombre ficticio. La historia es como la recuerdo. Cualquier discrepancia con los hechos históricos es sólo responsabilidad del autor.

Básicamente, la familia recibió una llamada para que se despidieran de él y esperaran lo inevitable. Como relató después, Joe podía oír voces, pero no podía hablar. Sabía que estaba muriendo. Esa noche, con sus ojos entrecerrados y quemados, él tuvo una visión de Jesús. Estaba cubierto de luz y entró por la puerta de hospital, hacia el cuarto, y se paró al pie de su cama. Extendió la mano y tocó a Joe, pero no dijo palabra alguna. Después, simplemente desapareció.

En la mañana las enfermeras estaban anonadadas de que el paciente todavía estuviera vivo y con poderosas señales de vida. Los médicos estaban perplejos, pero iniciaron el doloroso proceso de quitar la carne quemada y vendar las heridas para prevenir la infección. Uno de los médicos, conocido de la familia, era un ateo judío. Él cortésmente ignoró las oraciones y las expresiones de esperanza de que Dios lo sanaría. En su opinión nadie podría sobrevivir quemaduras tan graves.

Cuando Joe efectivamente sobrevivió, el médico respondió casi con enojo, pero realizó el tratamiento de las quemaduras, que requería que las primera vendas fueran empapadas y cortadas a la brevedad. La carne deteriorada entonces era removida, y nuevamente las quemaduras eran cubiertas con vendas. Lo que siguió es difícil de describir. Cuando quitó las vendas que cubrían el pecho, el médico abrió los ojos ante la gran sorpresa.

Él retrocedió cuando vio blancos y diminutos brotes como de carne. De un momento a otro comenzó a imprecar profusamente, una serie de palabrotas que salían como cascada de sus labios. "Yo siempre dije, que nunca creería un ... milagro aunque lo viera. Ahora, estoy viendo un milagro ... y no lo creo."

Joe nos dijo que lo que el doctor judío había visto era la generación espontánea de células de la piel, algo que era imposible que produjera un cuerpo que había experimentado severas quemaduras de tercer grado. Los estudiantes y el cuerpo docente saludaron al orador, que vestía una camisa de manga corta para nuestra ventaja. Milagrosamente, excepto por una pequeña área en su cuello, su piel parecía completamente normal.

La aplicación de esta historia no es acerca de la posibilidad de milagros, sino del extraordinario poder de la incredulidad. Hasta donde el orador invitado sabía, el médico judío jamás puso su fe en Dios, a pesar de que había contemplado con sus propios ojos un milagro divino, algo que no podía ser explicado de manera alguna excepto por una apelación al Dios todopoderoso.

Trágicamente, hay gente hoy que son parientes espirituales de ese médico, quien era heredero espiritual de los judíos que encararon a Jesús en el templo hace dos milenios. La iglesia debe entender que hay personas que no responderán al evangelio, ni siquiera cuando esté acompañado de milagros, que sin duda testifican de la realidad y la presencia de Dios. Tales personas son como los que acusaron a Jesús de estar en alianza con Beelzebú (es decir el diablo, véase Mt 12:22–32). Ellos están herméticos en su incredulidad.

Sin embargo, la iglesia tiene que ser muy cautelosa y lenta para declarar qué personas caen en esa categoría. El mismo Nuevo Testamento nos da razón de que seamos, ya que también hubo fariseos que llegaron a la fe.[42] Entre ellos está uno de los más encarnizados perseguidores de la iglesia cristiana primitiva. Sí, el mismo apóstol Pablo era fariseo (Hechos 26:5; Filipenses 3:5). La gracia y la misericordia de Dios pueden ablandar y cambiar el corazón del pecador más endurecido.

Es mucho más sensato y sabio de nuestra parte dejar que Dios juzgue la condición del corazón de cada persona. Nosotros sencillamente debemos esparcir la semilla del evangelio tan ampliamente como podamos, dejando que el viento del Espíritu la lleve a dondequiera y a quien quiera (cf. Jn 3:8).

---

42 Aunque es cierto que los fariseos son presentados casi abrumadoramente como oponiéndose a Jesús en los Evangelios, ya hemos mencionado a dos miembros del Sanedrín, Nicodemo y José de Arimatea, que llegaron a la fe. Además, existe evidencia que ellos, junto con el apóstol Pablo, no fueron los últimos de los fariseos en creer. Véanse Lc 7:36-34 y Hch 15:5

PREGUNTAS
DE REFLEXIÓN

1. Dada la historia política de Israel los dos siglos antes del nacimiento de Jesús, ¿por qué es comprensible que los judíos se impacientaran por saber si Jesús era el Mesías? Hable de la ironía de exigir que se les dijera algo que no estaban dispuestos a aceptar.

2. ¿Qué causa "la ceguera espiritual" como la que sufrían los judíos? Lea Marcos 4:10–13 y luego compárese con Mt 13:10-16 como una base para su respuesta.

3. ¿Qué crea la capacidad de que alguien oiga la voz de Dios, como su oveja? ¿Cómo es que una madre puede distinguir el llanto de su bebé aun en medio del llanto de otros niños? ¿Nos ayuda esto a responder a la primera pregunta?

4. ¿Cómo es que la acusación de blasfemia que los judíos presentaron contra Jesús sirve para ilustrar la ceguera espiritual que sufrían?

5. Considere el significado del Salmo 82:6. ¿Qué quiere decir "Vosotros sois dioses" y cómo se aplica a los judíos creyentes en el Antiguo Testamento? Véase Génesis 3:1–6.

6. ¿Cuál fue su impresión del médico en el relato del autor acerca del hombre que fue sanado milagrosamente? ¿Puede imaginar a alguien que manifiesta tal ceguera espiritual? ¿Conoce a alguien como Él? ¿Qué se necesitaría para que alguien así "viese"?

- CAPÍTULO 7 -

MARTA Y MARÍA

JUAN 11:1–44

Introducción

El capítulo 11 de Juan es uno de los capítulos más conocidos del Nuevo Testamento. Éste contiene la inolvidable historia de la resurrección de Lázaro de entre los muertos. Aunque la mayor parte de los comentaristas se centran acertadamente en las palabras y acciones de Jesús, para nuestro selecto enfoque consideraremos atentamente a las dos hermanas que vinieron a Jesús antes de este maravilloso milagro: Marta y María. La historia queda incompleta si no se explica algo del trasfondo.

Marta y María vivían con su hermano Lázaro en el pueblo de Betania en Judea, aproximadamente dos millas al sudeste de Jerusalén. Sabemos algo de su familia. Las dos hermanas son presentadas en el Evangelio de Lucas (10:38-42). Ellas invitaron a Jesús a una comida mientras Él viajaba.[43]

El hecho de que Lucas y Juan no mencionen la presencia de progenitores, nos hace pensar que sus padres habían fallecido y que las hermanas eran solteras. Por lo visto Jesús se quedaba con estos tres hermanos cuando estaba en el área de Jerusalén, y cultivó una cercana amistad con ellos.

---

43 De la historia de Lucas aprendemos que Marta, como en un episodio posterior en Juan (véase caP 12), tenía la disposición de servir, mientras que María puede haber sido más relacional y contemplativa. En cualquier caso, Marta se aflige por el desinterés de María por servir, sin embargo Jesús alaba a María por elegir "la buena parte [porción]" (Gr. tēn agathēn merida).

Juan enfatiza la proximidad de esta amistad. Tres veces en el capítulo leemos del amor de Jesús por Lázaro y sus hermanas. Por consiguiente, las acciones de Jesús parecen un poco extrañas cuando las hermanas le envían el siguiente mensaje: "Señor, he aquí el que amas está enfermo." (v. 3). Jesús pronuncia unas palabras bastante crípticas sobre esta enfermedad, que ésta no sería "para muerte, sino para la gloria de Dios" (v. 4).

En el siguiente versículo Juan añade: "Y amaba Jesús a Marta, a su hermana y a Lázaro" (v. 5). Curiosamente, ¡Jesús no corre al lecho del enfermo, más bien se retrasa en llegar a él! Espera dos días antes de ir a Judea.[44] Cuando llega a Betania, Lázaro no sólo ha muerto, sino que el cuerpo había estado ya cuatro días en la tumba (vv.17,39).[45]

I. VINO POR CONSUELO EN EL TIEMPO DE AFLICCIÓN

Juan nos dice que muchos judíos habían venido a consolar a las dos hermanas por su pérdida, pero en cuanto Marta oye que Jesús había llegado corrió para encontrarse con Él. ¿Por qué? Los seres humanos somos complejos y respondemos con una amplia gama de emociones que pueden ser muy intensas; sin embargo era obvio que esperaba recibir el consuelo de un amigo querido.

En la hora de tragedia personal, el corazón humano necesita la presencia de seres amados que con empatía puedan ayudarnos a soportar el dolor. Jesús amaba a Lázaro, y Marta vino para estar cerca de alguien que entendía su angustia y dolor.

---

44 En 10:40 leemos que Jesús fue "al otro lado del Jordán". Considerando esto, que cuando Jesús llegó finalmente a Betania, Lázaro estaba en la tumba por cuatro días (11:39), podemos suponer que las noticias alcanzaron a Jesús cuando estaba al menos de dos días de camino de Betania, en algún sitio quizás en la región de Perea.

45 Tenga presente que Juan usa el cálculo judío de días, que considerarían todo o parte de un día como un día completo.

II. VINO HERIDA, DECEPCIONDA Y PERPLEJA

El mensaje le llegó a Jesús por medio de amigos o mensajeros que hubieran informado dónde se hallaba Jesús cuando lo encontraron. Imagine el dolor que su tardanza causó a estas dos hermanas. La falta de su respuesta inmediata tal vez pareció insensible o hasta egoísta.

Sin duda esto fue desconcertante, ya que estaban convencidas del amor de Jesús por ellas. Marta y María expresan su decepción y confusión con palabras casi idénticas: "Señor, si hubieses estado aquí, mi hermano no habría muerto." Se percibe la aflicción detrás de estas palabras y no es difícil oír en ellas un tono acusador, la insinuación de que la tardanza de Jesús es de alguna manera la causa de la pérdida de ellas.[46]

III. VINO EN DEVASTADORA CONGOJA

Aunque las primeras palabras de María son casi las mismas que su hermana dijo, una cosa es inmediatamente notoria. Son las *únicas* palabras que dice. No hay expresión alguna de esperanza o de fe. Por lo visto su congoja era tan intensa, que se quebranta a los pies de Jesús antes de duplicar el lamento de su hermana. Jesús no habla más palabras con ella, sino que se dirige a los que están allí.

Al verla a ella y a los otros judíos llorando, Juan dice que Jesús "se estremeció en espíritu y se conmovió". La primera palabra en el v. 33 *(enebrimēsato)* literalmente significa "resoplar como un caballo", y a menudo conlleva la idea de enojo.[47]

¿Estaba Jesús enfadado, por la falta de fe ellos, o quizás por la crueldad de la muerte misma que provocaba tal sufrimiento? No tenemos seguridad de ello. Lo que sí está claro se describe en las dos simples palabras que siguen: "Jesús lloró".

---

46 La estructura de esta oración condicional supone que la cláusula "si" es supuesta como falsa por el orador. Uno puede leer fácilmente en esta estructura una queja implícita de algún tipo: "Si hubieses estado aquí, *pero no lo estuviste,* no habría muerto mi hermano."

47 Merrill C. Tenney, *The Gospel of John*, en el EBC, volumen 9, P 119

Jesús, junto con los presentes, lloró como un partícipe de la congoja y la desolación de la vida. Nada podría ilustrar la verdad de Hebreos 4:15 de manera más conmovedora: Jesús es nuestro sumo sacerdote que "se compadece de nuestras debilidades".

El objetivo de Dios de enviar a Jesús se cumplió en permitir que experimentara y se identificara con nuestro dolor más profundo. Incluso el conocimiento de la obra que estaba a punto de realizar (es decir, resucitar a Lázaro) no impidió que sintiera el dolor y la congoja del momento: la pérdida de un amigo.

IV. VINO CON FE Y UNA ESPERANZA FUTURA

Retrocedamos un poco en la historia para recoger un elemento importante. Marta, a pesar de su pena, expone una refrescante mezcla de realismo y fe. Sabe que su hermano está muerto, y que yace en una tumba en estado de descomposición (v. 39). Sin embargo, cree que todavía hay esperanza en medio de esa situación. Le dice a Jesús: "Mas también sé ahora que todo lo que pidas a Dios, Dios te lo dará" (v. 22).

Las palabras proféticas de Jesús armonizan con esa esperanza: "Tu hermano resucitará." A pesar de su valiente declaración en el v. 22, ella no puede ver otra promesa excepto lo que conoce como la futura esperanza de todo israelita.[48] "Yo sé que resucitará en la resurrección, en el día postrero" (v. 24).

Lo que sigue es quizás la más importante promesa para el creyente en Cristo que encontramos en el Nuevo Testamento. "Yo soy la resurrección y la vida; el que cree en mí, aunque esté muerto, vivirá. Y todo aquel que vive y cree en mí, no morirá eternamente" (vv. 25,26).

Cuando Jesús le pregunta a Marta si cree esta promesa, su fe aumenta. No sólo contesta "sí", sino que además expresa el fundamento de su fe.

---

48 El profeta Daniel expresó esta esperanza. "Y muchos de los que duermen en el polvo de la tierra serán despertados, unos para vida eterna, y otros para vergüenza y confusión perpetua"(12:2).

Ella recibe la promesa debido a *quién* es el que la da. Jesús, ella declara, es el Mesías, el Hijo de Dios, que ha venido al mundo.[49]

PENSAMIENTOS PARA CONCLUIR

El fin de la historia es bien conocido para todos los lectores del Evangelio de Juan. La fe que expresó Marta fue en efecto vindicada; su esperanza más asombrosa se cumplió cuando Jesús ordenó a su hermano que saliera de la tumba. Sin embargo, debemos preguntarnos nuevamente qué lección tiene esto para la iglesia de Jesucristo. Inclusive los que creen en milagros en el presente confesarán que las resurrecciones son extremadamente raras.

Con más frecuencia nos quedamos de pie al lado de la cama del difunto o de una urna. Nuestro consuelo está en aquellos que además de compartir nuestro dolor, también tienen la esperanza de una resurrección futura, la victoria final de Dios sobre el pecado y la muerte. Pablo recordó a los corintios de esta victoria.

Y cuando esto corruptible se haya vestido de incorrupción, y esto mortal se haya vestido de inmortalidad, entonces se cumplirá la palabra que está escrita; SORBIDA ES LA MUERTE EN VICTORIA. ¿DÓNDE ESTÁ, OH MUERTE, TU AGUIJÓN? ¿DÓNDE, OH SEPULCRO, TU VICTORIA? ya que el aguijón de la muerte es el pecado, y el poder del pecado, la ley. Mas gracias sean dadas a Dios, que nos da la victoria por medio de nuestro Señor Jesucristo. 1 Corintios 15:54-57

Escribo este capítulo con sentimientos encontrados, ya que esta tarde debo ir a un servicio fúnebre. Uno de mis alumnos del seminario acaba de perder a su pequeño hijo, como resultado de un rara afección congénita que finalmente le arrebató la vida. Me uniré a muchos amigos y amados en el Señor para compartir su pesar, y expresar nuestro amor y apoyo.

---

[49] Su fe en la verdadera identidad de Jesús se conforma con lo que es proclamado por Juan el Bautista (Jn 1:34), Natanael (1:49), y Pedro (6:68-69).

Como la historia bíblica que hemos comentado, consolamos a las personas al compartir las pérdidas de la vida. Pero además de la pena y el sentimiento de pérdida, también iré como quien comparte una firme esperanza La muerte es en efecto real y el efecto devastador todavía lo sufrimos en este mundo presente. Pero la muerte no tiene la última palabra; Jesús la tiene, y ya la ha dicho. Dios ha declarado ya su victoria sobre la muerte con la resurrección de su Hijo.

En medio de nuestro dolor y de las lágrimas oímos su voz: "Yo soy la resurrección y la vida; el que cree en mí, aunque esté muerto, vivirá. Y todo aquel que vive y cree en mí, no morirá eternamente." La realidad de la muerte nos mira desde un cascarón sin vida y nos desafía a responder a la pregunta que Jesús le hiciera a Marta: "¿Crees esto?"

PREGUNTAS DE REFLEXIÓN

1. ¿Alguna vez un amigo cercano lo decepcionó profundamente? ¿Cómo le hizo sentir? Piense en la situación de María y Marta, y especule en lo que pensaron cuando Jesús retrasó su llegada.

2. Comente esta observación: "A veces, en momentos de tragedia y dolor, la 'presencia' es más apreciada que las palabras." Marta y María buscaron a Jesús en la hora de crisis, y pensaron que Él las había defraudado. ¿Qué habrá sentido Jesús al oír las palabras de sus apreciadas amigas María y Marta?

3. Hable del misterio que hay en las palabras: "Jesús lloró". Aunque sabía lo que estaba a punto de hacer, Jesús experimentó el dolor humano de la pérdida de un amigo querido, y todo la congoja del momento. Comente este acontecimiento a la luz de Hebreos 3:15.

4. La promesa de la resurrección es la esperanza de cada creyente en Cristo. ¿Se ha hecho real esta promesa para alguien de nuestro tiempo? Comparta las circunstancias en que esta promesa se hizo "viva" para usted.

– CAPÍTULO 8 –

MARÍA UNGE LOS PIES DE JESÚS EN BETANIA

JUAN 12:1–11

Introducción

La historia que se nos presenta a menudo la confundimos con una historia similar que se relata en Lucas 7:37–39. La historia de Lucas trata de una mujer cuyo nombre no se revela, que también usa perfume para ungir los pies de Jesús. Sin embargo, cuando ambos relatos se comparan cuidadosamente, las semejanzas son mínimas y las diferencias numerosas.

Aquí en Juan, la mujer es María, hermana de Marta y Lázaro, y ciertamente no una reconocida pecadora (cf. Lucas 7). En el relato de Lucas, si las referencias geográficas significan algo, el incidente sucedió en algún sitio de Galilea,[50] mientras que el incidente en Juan claramente sucede en Betania, en la región de Judea.

Además, el relato de Lucas tiene lugar en los primeros años de ministerio de Jesús,[51] mientras que la historia de Juan sucede sólo seis días antes de la Pascua de los judíos.

---

[50] Jesús en Lucas 7:1 está en Capernaum, y en 7:11 Él va a la ciudad de Naín, ambas en Galilea.

[51] Lucas registra esta visita a Betania mucho más adelante en su Evangelio (19:29).

Ésta fue la Pascuas que se celebró durante la visita final de Jesús a Jerusalén.[52]

El incidente tiene lugar poco después de la resurrección de Lázaro, quien junto con sus dos hermanas está presente en un banquete en honor de Jesús. Lázaro está reclinado en un diván compartiendo una cena con Jesús. Marta, como de costumbre, sirve. Los invitados en una cena se sitúan de modo tal que la cabeza y el torso están inclinados hacia la mesa, y los pies hacia el extremo posterior del sillón.

La escena cambia a lo que está sucediendo en el extremo posterior del sillón. María se acerca, y se arrodilla a los pies de Jesús. Ella toma un frasco de alabastro de aceite perfumado hecho de nardo puro (una planta aromática) y lo derrama a los pies de Jesús. La fragancia pronto se difundió en la atmósfera de la casa, y sin duda atrajo inmediatamente la atención de todos.

---

52 Otras diferencias hacen muy difícil comparar estas dos historias. Por ejemplo, la historia de Lucas acontece en la casa de Simón el fariseo, mientras que en el Evangelio de Juan, el incidente menciona una comida a la que asisten María, Marta y Lázaro.

El relato de Mateo (cap. 26) ubica la cena en casa de Simón, el leproso (v, 6), lo que suscita la pregunta de identificación. ¿Podrían los dos Simón referirse a la misma persona? Esto por lo visto es el caso. La objeción de que ningún leproso podría ser también fariseo, debido a su inmundicia, es sólo válida si el título es descriptivo de una condición presente. Simón, junto con muchos leprosos sanados por Jesús (véase Lucas 17:12-17), puede haber tenido una vida e identidad previas a su aflicción por la lepra. Pueden encontrarse diferencias adicionales en los relatos.

En Juan, María unge los pies de Jesús con el perfume y limpia sus pies con su pelo. La mujer en el Evangelio de Lucas primero unge los pies de Jesús con sus lágrima, limpiándolos con su pelo y besándolos, seguido de un ungimiento de perfume. La objeción a la acción de esta mujer es alzada por el anfitrión fariseo (Simón), pero en Juan es Judas Iscariote que se opone. En Lucas la objeción es dirigida hacia Jesús por no discernir la pecaminosidad de la mujer. En contraste, en Juan Judas se opone al aparente desperdicio de la riqueza que él declara podría haber sido dada a los pobres.

I. ELLA VINO CON AGRADECIDA DEVOCIÓN

Antes de considerar más a fondo los motivos de María para ungir los pies de Jesús, es adecuado identificar algo del trasfondo. El capítulo comienza con Jesús que había ido a Betania seis días antes de la Pascua de los judíos. Juan recuerda a sus lectores que éste era el lugar donde Lázaro fue resucitado.

El siguiente versículo lee: "Y le hicieron allí una cena; Marta servía, y Lázaro era uno de los que estaban sentados *a la mesa* con Él." Al principio podríamos concluir que estamos de vuelta en casa de Lázaro y sus dos hermanas, pero Mateo (26:6) y Marcos (14:3) ambos dejan en claro que la cena se llevó a cabo en la casa de Simón, el leproso.[53]

El centro de interés cambia rápidamente de la cena a María, que hace algo sorprendente e inesperado, como se describió anteriormente. Pero, ¿por qué? ¿Qué hizo que realizara tal acto? Ya sabemos que Jesús amaba a María (11:5) y que ella obviamente tenía devoción hacia Él (Lc 10:39,42). Sin embargo, no es difícil especular que sus acciones fueron motivadas mayormente por un corazón agradecido. Lázaro, su hermano, había muerto sólo unos días antes y ahora estaba vivo y participando de esta cena en casa de Simón. Por lo tanto, lo que observamos es una expresión espontánea, no sólo de amor, sino de gratitud.

II. ELLA VINO CON GENEROSA DEVOCIÓN

En vista de lo que Jesús había hecho por ella y su familia, María no consideró cosa alguna como demasiado costosa. Su único deseo era mostrar su gratitud y amor por Jesús. El perfume era en efecto una extravagancia.

---

53 Que la cena no se llevó a cabo en la casa de Lázaro es sugerido por la descripción de Juan en 12:2. No es necesario decir que Lázaro estaba presente en la comida si es que Lázaro hubiera sido el anfitrión en su propia casa. Las acciones de Marta se conforman con su naturaleza de servir (Lucas 10:38-40), pero no requiere que la comida sea llevada a cabo en su casa. Es bastante posible, dado el hecho que Betania no era una ciudad grande, que Lázaro y Simón eran vecinos cercanos.

En el Evangelio de Mateo (20:2) Jesús cuenta una parábola en la que un denario era el salario común y esperado de un jornalero. Por consiguiente, ¡trescientos denarios era el equivalente al salario de casi un año para un trabajador rural!

No hay indicación alguna de que Lázaro y sus dos hermanas fueran personas adineradas; entonces el valor monetario de este perfume era inmenso. ¿De dónde vino? Sólo podemos adivinar. ¿Sería la parte de la dote de María, esperando su compromiso? ¿Representaba los ahorros de su vida? No sabemos con certeza, pero una cosa *es* segura: esto representaba un regalo extravagante y sacrificial.

Por consiguiente, no es sorprendente que alguien objetase la acción. Aunque el ungir la cabeza era algo que se acostumbraba, estaba normalmente reservado para invitados de honor, y se usaba agua para lavar los pies.[54] Por lo tanto, el uso de este perfume para lavar los pies de Jesús debe haber parecido un escandaloso desperdicio de dinero, como muestra la reacción de Judas.

Sus palabras no sólo expresaron indignación, sino que eran acusatorias en algún sentido. "¿Por qué no fue este perfume vendido por trescientos denarios, y dado a los pobres?" Implícita en estas palabras está la acusación de que Jesús había permitido algo que no debería hacerse.[55]

Sin embargo, la respuesta de Jesús no sólo corrige la equivocada noción de Judas, sino que ennoblece el acto de María más allá de algo que ella, o alguna otra persona allí, pudiera haber imaginado: "De cierto os digo que dondequiera que se predique este evangelio, en todo el mundo, también se contará lo que ésta ha hecho, para memoria de ella" (Mt 26:13).

---

54 Keener, *IVP Background Commentary,* 294.

55 Juan rápidamente (v. 6) nos da la percepción de los verdaderos motivos de Judas. Judas veía una importante cifra de dinero escapando a los pies de Jesús, representando dinero del cual él no podía apoderarse.

III. ELLA VINO CON UNA FE PROFÉTICA

Las primeras palabras de Jesús parecen algo insensibles para los cristianos que han sido criados con una conciencia social, de ayudar a los pobres de este mundo. ¿No es compasivo usar nuestros recursos para suplir las necesidades de los que tienen poco? Jesús responde: "Porque a los pobres siempre los tendréis con vosotros, mas a mí no siempre me tendréis".

Esta cita de Deuteronomio 15:11 debe ser leída en contexto, la cual declara: "Sin falta le darás, y no serás de mezquino corazón cuando le des; porque por ello te bendecirá Jehová tu Dios en todos tus hechos, y en todo lo que emprendas. Porque no faltarán menesterosos en medio de la tierra; por eso yo te mando, diciendo: Abrirás tu mano a tu hermano, al pobre y al menesteroso en tu tierra" (Dt 15:10,11).

En este texto el Señor manda que los israelitas provean *continuamente* para el pobre en la tierra. ¿Por qué? Porque siempre estarán allí. La reprensión a Judas, entonces, no es una excusa para desatender al pobre, sino un reconocimiento de que la oportunidad de dar al pobre está siempre presente.

Sin embargo, como Jesús lo aclara en los pasajes paralelos de Mateo y Marcos,[56] la oportunidad de expresar amor y lealtad está limitada al tiempo en que Jesús está con ellos. Lo que sigue es un elogio a María que no tiene paralelo en el Nuevo Testamento

La versión de Mateo podría ser premiada como "la subestimación del año". En él Jesús dice: "Ha hecho conmigo *una buena obra*" (26:10; Marcos 14:6). Pero continúa para explicar en detalle. Sea que María lo supiera o no,[57] sus acciones tuvieron significado profético.

---

56 Véanse Mateo 26:11; Marcos 14:7.

57 A pesar de las aseveraciones llenas de confianza, por parte de algunos comentaristas, de que María no entendía el significado profético de sus acciones, no podemos saber lo que había en su mente. Tampoco sabemos lo que Jesús había dicho o enseñado a María y, por consiguiente, lo que ella entendió acerca de la inminente muerte de Jesús.

Los judíos en el tiempo de Jesús típicamente ungían el cuerpo antes de la sepultura.[58] María estaba de hecho ungiendo el cuerpo de Jesús como preparación para su sepultura. Si Jesús se hubiese detenido con estas palabras, las acciones de María la habrían grabado en nuestra memoria.

Sin embargo, Jesús añade un elogio que la sitúa en un grupo de personas con gran significado, como el centurión romano cuya fe era sin igual en Israel (Mt 8:10), y Juan el Bautista que era el mayor nacido de mujer (Lc 7:28).

Jesús continúa y declara que lo que hizo María nunca sería olvidado, ¡porque estaría inseparablemente enlazado con la predicación del evangelio! Su ungimiento profético serviría continuamente como una acción conmemorativa de la posición central de la muerte de Cristo, cuando y dondequiera que se predique el evangelio.

PENSAMIENTOS PARA CONCLUIR

Hay un famoso cuento de O'Henry, "El regalo de los reyes magos", que siempre me ha gustado. Es un clásico sobre la extravagancia del amor y la devoción desinteresada que engendra. Para los que desconocen esta obra, es el dilema de un joven matrimonio que casi no tiene qué comer.

La Navidad se acerca y cada uno quiere dar al otro un regalo que, además de ser adecuado, complemente lo que cada uno atesora. La esposa tiene hermoso cabello largo, objeto de la permanente admiración y atención de su marido cada vez que ella se peina. ¿Qué más adecuado que un juego de peines de marfil? Perfecto, pero excesivamente caro.

El marido tiene sólo una cosa de valor, una reliquia familiar que recibió de su padre, un reloj de oro. A su esposa le encanta observar cuando él saca el reloj de su bolsillo y lo admira. Ella ve en ese simple acto un sano orgullo y reverencia. ¿Qué regalo más perfecto que una cadena de oro para esa posesión inestimable? ¿Pero dónde puede ella conseguir el dinero para tal regalo?

---

58 Véanse Mt 28:12; Jn 19:40; Mr 16:1.

La Navidad viene con gran expectación y entusiasmo. Pero esto también trae una revelación impactante. La esposa se acerca al amor de su vida llevando en las manos un regalo, pero él apenas puede ver lo que ella le ofrece. Todo lo que puede ver es su cabeza. Han desaparecido esos hermosos cabellos que tanto admiraba. Con lágrimas ella balbucea que crecerá otra vez y que sencillamente tenía que comprar *este* regalo para él.

Él abre su regalo lentamente y encuentra una cadena de oro. Ella lo insta a sacar el reloj del bolsillo de su chaleco y atarlo, pero él no puede. Él le dice que vendió el reloj para comprar un regalo, que ahora él le entrega a ella. Con manos temblorosas ella desenvuelve el paquete y encuentra un juego de peines de marfil.

Leí esta historia cuando era adolescente. Esto me hizo llorar entonces y todavía hoy. La simplicidad de los regalos de alguna manera expresa la profundidad insondable del amor que nace en el corazón de dos personas, cuyo único deseo era complacer al ser amado. La historia del ungimiento de María se parece mucho al "regalo de los reyes magos". Expresa la profundidad del amor y la devoción desinteresada de la que son capaces los seres humanos. Esto no debería parecer tan extraño para criaturas echas a la imagen de Dios.

"Porque de tal manera amó Dios al mundo, *que ha dado a su Hijo unigénito*, para que todo aquel que en él cree, no se pierda, mas tenga vida eterna" (Jn 3:16).

Aunque el pecado nos separa de Dios, y distorsiona nuestra capacidad de amar, todavía hay indicios del Creador en nuestra vida. La aceptación de su amor redentor renueva esa imagen (Col 3:10) y crea la capacidad de amarlo a Él y a las demás personas como verdaderos hijos de Dios. En verdad el ungimiento de María aparece como un acto extraordinario de devoción, pero tal amor es parte de nuestra herencia, y es retratado en el evangelio. El gran amor de Dios por nosotros fue revelado en Cristo. Es su amor desinteresado y sacrificial en la cruz que está prefigurado en el simple acto de María.

PREGUNTAS DE REFLEXIÓN

1. Antes de iniciar el estudio de este capítulo, tal vez usted quiera leer Lucas 7:37–39 al grupo y luego preguntar: "¿Quién es la mujer en esta historia?" Vea si alguno de ellos identifica a esta mujer con María, la hermana de Lázaro. Continúe y hable de las diferencias en los dos relatos como se proporciona en este capítulo.

2. Considere la sorprendente, si es que no impresionante, acción de María en la cena. ¿Cuál era el protocolo o la práctica normal del ungimiento con aceite? ¿Qué fue lo impresionante de la acción de María?

3. ¿Ayuda la gratitud de María a explicar por qué dejó de lado la costumbre social de cortesía para este acto extraordinario y generoso de devoción? A la mayoría de las personas les impresiona el valor monetario del regalo, pero aquí hay algo más que el costo. ¿Qué es? ¿Ha sido usted alguna vez objeto de un regalo realmente desinteresado y sacrificial?

4. Compare el corazón de María, que no presta atención alguna al costo de su acción, con el de Judas, quien se quejó por el aparente desperdicio. ¿Qué revela esta queja sobre el corazón de Judas, que corrobora Juan?

5. El autor afirma que las palabras de Jesús muestran que las acciones de María eran simbólicas y tenían significado profético. ¿Piensa que María entendía esto? Incluso si no lo entendió, su acción siempre estaría ligada al evangelio. ¿Es posible que algo que hacemos involuntariamente tenga un impacto e importancia mucho mayor que la que siquiera imaginamos? ¿Conoce usted alguna historia que ilustre esto?

6. Haga un sondeo de cuántas personas han leído el cuento de O'Henry, "El regalo de los reyes magos". Pídales que compartan qué edad tenían cuando lo leyeron por primera vez, y si eran cristianos en aquel entonces. Explore sus reacciones respecto a la historia, y explique cómo esto ilustra una faceta del amor de Cristo por nosotros.

CAPÍTULO 9

LOS QUE ARRESTARON A JESÚS

JUAN 18:1-14

Introducción

Como vimos en Juan 8, no todos los que vinieron a Jesús lo hicieron con necesidades legítimas u objetivos nobles. Sin embargo, su venida revela algo del corazón de la humanidad en sus diversas posturas respecto al Hijo de Dios. Nuestra historia nos sitúa en la Semana de la Pasión[59] del Evangelio de Juan. Dentro de pocos días Jesús moriría en la cruz por los pecados de la humanidad.

En Juan 17 Jesús ha pronunciado lo que conocemos como "oración sacerdotal". En ella, Él ha expresado su amor por sus discípulos, su deseo de comunión con ellos, y el deseo de la unidad de ellos en el mundo como reflejo de la unidad divina que él comparte con el Padre. La oración termina de manera repentina, y Juan nos lleva al arresto de Jesús en el Huerto de Getsemaní.

Allí en el Huerto encontramos representados tres grupos de personas (y posiblemente presentes). Ellos son Judas, los principales sacerdotes y fariseos, que envían a los "alguaciles " (tal vez los guardias de templo), y soldados de la cohorte romana. ¿Qué

---

59 La expresión "Semana de la Pasión" es usada por eruditos y ministros para referirse a la semana previa y que desembocó hasta la muerte de Jesús en la cruz. Es derivada de *pathein*, una forma del verbo griego *paschō*, que significa "sufrir".

clase de personas representan éstos? ¿Cuál es la condición del corazón de cada uno? ¿Podemos encontrar tal tipo de personas en el mundo hoy?

I. JUDAS: UNA TRAICIÓN DELIBERADA

¿Sabía Judas lo que estaba haciendo? ¿Traicionó él deliberadamente a Jesús, o fue, como la ficción popular lo presenta, una víctima bien intencionada de las circunstancias?[60] Cuando examinamos el registro del Evangelio parece claro que la traición de Judas fue deliberada y calculada. La primera señal es la manera en que Juan se refiere a Judas. Cinco de nueve referencias a él en el Evangelio de Juan expresamente mencionan su traición.[61] En Juan 6:70, Jesús enigmáticamente dice a los discípulos que uno de ellos es "diablo".

Juan entonces explica que se refería a Judas Iscariote, que "le iba a entregar" (v. 71). Más tarde, al referirse a la objeción de Judas al "derroche" del perfume con que María ungió los pies de Jesús, Juan escribe: "Y dijo uno de sus discípulos, Judas Iscariote hijo de Simón, el que le había de entregar". La sintaxis griega indica que esta intención estaba presente desde mucho tiempo antes.[62] Una segunda señal importante nos viene de la narrativa de Juan de la llamada "Última Cena". Justo antes de que Judas saliera de la habitación para entregar a Jesús, Juan escribe que "el diablo ya había puesto en el corazón de Judas Iscariote, hijo de Simón, que le entregase" (13:2).

Colectivamente, estos versículos sugieren que la traición de Judas no fue un acto espontáneo, sino uno deliberado, y planeado con anticipación. Juan 18:2 sugiere también que hasta el lugar de su traición pudo haber sido considerado en su decisión:

---

60 Véase la novela por Dan Brown, *El Código Da Vinci* (Nueva York: Doubleday, 2003).

61 Juan 6:71; 12:4; 13:2; 18:2, 5.

62 El uso sustantivado del participio presente de *mellein* más el infinitivo presente *paradidonai* ("para traicionar o entregar"). Normalmente, el tiempo presente comunica la acción o un estado de ser que está en curso o es continuo.

"Y también Judas, el que le entregaba, conocía aquel lugar, porque muchas veces Jesús se había reunido allí con sus discípulos."

Uno podría preguntarse sin mayor dificultad: "¿En qué estaba pensando Judas? ¿Qué esperaba que sucediera?" Algunos han querido mitigar la culpa de Judas postulando que éste se decepcionó por la renuencia de Jesús de declarar abiertamente que él era el Mesías, e inaugurar su reino mesiánico. Por consiguiente, él conspira para obligar a Jesús a hacerlo, llevándolo a un enfrentamiento directo con el Sanedrín.

Aunque plausible, esta hipótesis es solo una especulación. El hecho es que no sabemos lo que pasó por la mente de Judas, ni la motivación de su traición. Lo que sí sabemos es lo que Juan nos dice, algo relacionado con la condición su corazón. De Juan 13:2 aprendimos que la decisión de traicionar a Jesús vino del diablo mismo. Sin embargo, Satanás trabaja con lo que los seres humanos caídos le ofrecen, y una cosa que Judas le proporcionó fue codicia y avaricia.

Éste, Juan explica, es el verdadero motivo detrás de la crítica de Judas respecto a la acción de María de ungir los pies de Jesús. Judas estaba lejos de manifestar una sincera indignación por el desperdicio de recursos materiales y el abandono del pobre, Juan explica: "Pero dijo esto, no porque se cuidara de los pobres, sino porque era ladrón, y teniendo la bolsa, sustraía de lo que se echaba en ella" (12:6). Es una conclusión segura suponer que durante algún tiempo Satanás había obrado en Judas y en este "proyecto de traición".

El momento culminante se produjo en la Última Cena cuando Jesús lavó los pies de los discípulos. A Pedro Jesús enigmáticamente le dice: "El que está lavado, no necesita sino lavarse los pies, pues está todo limpio; y vosotros limpios estáis, aunque no todos" (13:10). Juan continua, explicando: "Porque sabía quién le iba a entregar" (v. 11). La limpieza era muy importante para los judíos, ya que la impureza ritual excluía a uno de la adoración y el servicio en el templo.

Sin embargo, las palabras de Jesús sugieren una impureza "espiritual" que fue cultivada por el mismo Satanás.

Lo que sigue en la narrativa de la Última de Cena es muy dramático. En primer lugar, Jesús anuncia que uno de los discípulos lo traicionará (13:21), lo que provocó una angustiosa especulación. Juan está sentado más cerca de Jesús, y Pedro le hace señas para que le pregunte a Jesús a quién se refiere. Juan le pregunta a Jesús, quien declara: "A quien yo diere el pan mojado, aquél es" (v. 26).[63]

Jesús entonces toma el pan y ofrece el bocado a Judas. Tal gesto era normalmente una señal de honor o cercana amistad. Este gesto simbólico de amistad tal vez fue la apelación final de Jesús a Judas, la cual éste rechazó. Él ya había resuelto que llevaría a cabo su traición. Cuando Judas acepta el bocado de pan, Satanás entra en él. La impureza es completa y Judas está listo ahora para efectuar su traición con la motivación y la dirección de Satanás.

II. LOS PRINCIPALES SACERDOTES Y LOS FARISEOS: EMPECINADOS EN SU RECHAZO

Aquí tenemos una excepción del tema que hemos querido hasta ahora mantener: examinar aquellos que *vinieron* a Jesús. Aunque no estuvieron físicamente presentes en el Huerto de Getsemaní, los principales sacerdotes y los fariseos están representados por los "*alguaciles*" que ellos enviaron con el destacamento de soldados.

Juan nos dice: "Judas, pues, tomando una compañía de soldados, y alguaciles de los principales sacerdotes y de los fariseos, fue allí con linternas y antorchas, y con armas" (18:3). El término griego para "alguaciles" *(hupēretēs)* puede referirse a un criado o a un funcionario.

---

63 Morris describe la acción como mojar un pequeño trozo pan o carne en un plato común, que sería luego pasado. Véase a Morris, *Juan*, 626. Ya que todos tendrían acceso al plato, la acción no necesariamente identificaría a Judas como el traidor para los demás, excepto el apóstol Juan.

Ya que los enviaron los principales sacerdotes y los fariseos, es probable que ellos fueran miembros de la guardia del Templo.[64]

Podemos otra vez preguntar: "¿Sabían los principales sacerdotes y los fariseos lo que hacían? ¿Estaban ellos conscientes de que prendían a un hombre inocente para ser condenado a muerte?" La evidencia que Juan proporciona sugiere una respuesta afirmativa.

En Juan 11 aprendemos que la resurrección de Lázaro consternó considerablemente a los principales sacerdotes y a los fariseos. Lo que más preocupaba a estos líderes religiosos era el hecho de que muchos judíos, habiendo sido testigos de la resurrección de Lázaro, creyeron que Jesús era el Mesías (v. 45).

Cuando los fariseos recibieron el informe, convocaron una reunión del Sanedrín para deliberar qué harían."¿Qué haremos? Porque este hombre hace muchas señales. Si le dejamos así, todos creerán en Él; y vendrán los romanos, y destruirán nuestro lugar santo y nuestra nación" (vv. 47,48).

Es increíble que nadie en la reunión aquí descrita impugnara el hecho de que se estaban realizando señales milagrosas entre ellos, señales que sólo podrían ser explicadas por la presencia y el poder de Dios (cf. Jn 3:2). Lo que más preocupaba a estos líderes religiosos era la posibilidad de que "todos" creyeran en Jesús como el Mesías (v. 48). Claramente, ellos entendieron que tal desarrollo tendría tumultuosas ramificaciones políticas y también religiosas.

La descripción de los romanos: "Destruirán nuestro lugar santo y nuestra nación", es un reconocimiento de que tal perturbación obligaría a Roma a intervenir para proteger la *Pax Romana* ("paz romana"), una condición esencial en su dominio de las provincias extranjeras e impuesta celosamente.

El sumo sacerdote Caifás (v. 49) se adelanta para proponer una solución a su dilema. Él los reprende por su ignorancia, y los

---

64 Véase B. F. Wescott, *The Gospel According to St. John*, (Grand Rapids: Wm. B. Eerdmans Pub. Co., 1978), 252.

aconseja: "Nos conviene que un hombre muera por el pueblo, y no que toda la nación perezca" (v. 50). Caifás no se dio cuenta de que sus palabras eran en realidad una profecía de la muerte de Jesús. Por consiguiente, desde ese momento los líderes religiosos comenzaron a conspirar cómo matar a Jesús (v. 53).

No es de sorprender entonces que Judas encontrara aliados listos para facilitar su complot de traición (cf. Mt 26:1–16). Los principales sacerdotes y los fariseos habían adoptado una posición en su corazón de rechazar a Jesús como Mesías, esto a pesar de la evidencia de lo contrario. Ellos no estaban desinformados de lo que Jesús mismo había enseñado (18:20) o había hecho (11:47). Sin embargo, habían tomado una decisión consciente de hacer lo que creyeron *oportuno*, aunque requiriera la muerte de un hombre inocente.[65]

III. LOS SOLDADOS ROMANOS Y LOS GUARDIAS DEL TEMPLO: OBEDIENCIA CIEGA E IGNORANTE A LAS ÓRDENES RECIBIDAS

El grupo final es mixto, que consiste en un contingente de soldados de una cohorte romana[66] y guardias de templo o policías[67]

---

65 Note que los Evangelios Sinópticos registran que en respuesta a las preguntas acerca de su identidad como el Mesías y el Hijo de Dios, delante del sumo sacerdote y el Sanedrín, Jesús contestó afirmativamente. Sin embargo Juan no registra ninguna de ellas. Lea Juan 18:19-23. Es posible que Juan quiera reflejar la hipocresía de la examinación enfadada del Sanedrín. Ellos habían adoptado una decisión hacía ya tiempo. Sus corazones se habían arraigado en la incredulidad.

66 El versículo tres lee simplemente: "Tomando una compañía de soldados" (Gr. *speira*). La palabra está siendo informalmente usada con mayor probabilidad para referirse a un pequeño contingente de soldados, y no a una cohorte romana completa que normalmente llegaba a 600 hombres. Véase Ferguson, *Backgrounds*, 51. Es improbable que un número tan grande de soldados fuera enviado junto con un número no especificado de guardias del templo para detener a un profeta judío y sus doce discípulos.

67 La palabra griega para "alguaciles" es *hupēretēs* y puede referirse a un criado, sirviente, asistente u oficial. En el versículo 3 dice que ellos venían de

enviados por los principales sacerdotes y los fariseos (v.3).[68] Otra vez deberíamos preguntar: "¿Por qué estaban ellos allí? ¿Qué había en su corazón y en su mente?" Es seguro suponer que estos guardias y soldados estaban cumpliendo su deber, sobre todo respecto a los soldados romanos, que estaban entrenados para responder a las órdenes con obediencia incondicional.

Podemos suponer que los guardias del templo estaban entrenados de una manera similar. ¿Se preguntaron ellos sobre ese "profeta" judío al cual debían prender? Podemos suponer con seguridad que los acontecimientos posteriores a la resurrección de Lázaro llenaron Jerusalén con noticias, entusiasmo, y especulación (véase Lucas 24:18). Seguramente, estos guardias y soldados habían oído algo de ello. Sin embargo, con toda

---

parte "de los principales sacerdotes y los fariseos" y en el v. 12 ellos son "de" "o" "de parte de" los judíos. Considerando que los líderes judíos pueden haber esperado bien una confrontación violenta con los seguidores de Jesús, parece mejor considerar a los *hupēretēs* como guardias de templo. Véase a George R. Beasley-Murray, *John*, en el Word Biblical Commentary, vol. 36 (Columbia: Thomas Nelson, Inc., 1999), 322.

68 Craig Keener sostiene que la "compañía" (vv. 3, 12) no se refiría en forma alguna a soldados romanos, sino a guardias del templo. Sin embargo, Él nunca identifica los *hupēretai* en aquellos mismos versículos. Su razonamiento de que los soldados romanos no habrían sido usados para una acción de policía rutinaria parece plausible, hasta que usted se da cuenta de cuán volátil las autoridades religiosas pueden haber considerado la situación del arresto de Jesús, considerando la resurrección de Lázaro y la entrada triunfal de Jesús en Jerusalén. Véanse Juan 11:47-53; 12:13-19.

Su objeción de que los soldados romanos no habrían llevado a Jesús ante Anás, a quien ellos habían depuesto, no es convincente. Si la compañía romana de soldados hubiera sido solicitada por los líderes judíos y concedida por los romanos, su papel principal era detener a Jesús y ponerlo bajo la custodia de los líderes judíos. Una vez arrestado, ellos lo habrían llevado a cualquier lugar que los líderes judíos ordenaran. Como Keener nota, algunos judíos sin duda consideraron inválida la deposición romana de Anás, ya que el sumo sacerdote normalmente gobernada de por vida. Es completamente probable entonces que ellos llevaron a Jesús ante aquel que ellos creían era el sumo sacerdote legítimo. Véase Keener, *IVP Background*, 306-307.

probabilidad, la detención era sólo una orden, como otras. Las burlas blasfemas y el cruel trato contra Jesús eran probablemente bastante comunes, en ninguna manera diferente del trato que se daba a otros criminales. Sus acciones, aunque violentas y deplorables, no fueron diferentes del trato que los seguidores de Cristo recibieron de Pablo (Hechos 26:9-11), aunque él declara: "lo hice por ignorancia, en incredulidad" (1 Tim 1:13). Lo interesante es que este último grupo representa aquellos que, como Pablo, eran redimibles. Pablo escribió más tarde: "Mas fui recibido a misericordia... Pero la gracia de nuestro Señor fue más abundante" (1 Tim 1:13,14). Este último grupo representa desde luego a pecadores endurecidos, pero no es una condición del corazón o una postura respecto a Dios que no pueda ser cambiada. Marcos registra las palabras del centurión romano que, habiendo sido testigo de la crucifixión de Jesús, fue impresionado por el carácter de su muerte. Comparando los registros de los Evangelios podemos decir que él oyó todas las palabras que Jesús dijo en la cruz.

Él oyó que Jesús oraba por sus agresores y pedía que sus pecados no les fueran imputados. Él vio a Jesús liberarse de su agonía para encargar el cuidado de su madre a uno de sus discípulos. Él fue testigo de su inexplicable respuesta negativa a recibir un sedante. Él oyó su grito angustiado: "Eloi, Eloi, ¿lama sabactani?" Solo Dios sabe lo que sucedió en el corazón de este centurión, pero cuando vio a Jesús exalar su último suspiro y morir, él dijo: "Verdaderamente, este hombre era Hijo de Dios." Los oficiales romanos estaban acostumbrados a la muerte, y también las muertes heroicas, pero el carácter de la muerte de Jesús lo convenció de que había divinidad en Él.

PENSAMIENTOS PARA CONCLUIR

El mencionado segmento del Evangelio de Juan presenta adversarios de Cristo. Esto me hizo pensar que a menudo la Iglesia no responde bien a los opositores incondicionales del evangelio, sobre todo si se muestran cerrados y deliberados en su rechazo de la fe cristiana. A menudo esto despierta el peor sentimiento en nosotros. Estamos muy dispuestos a sacudir el polvo de nuestros pies como un testimonio contra ellos. Podríamos decir hasta algo como: "No tiene sentido alguno echar nuestras perlas a los cerdos." Aunque esta reacción es comprensible en muchos casos, y en algunos casos merecida, podemos rendirnos demasiado rápido ante pecadores que están muy resueltos en su rechazo a Cristo. Yo no podría dar a este consejo si no hubiera participado en la siguiente historia:

A principios de los años 1980 yo dictaba clases en un pequeño instituto bíblico superior en Ellendale, Dakota del Norte. Mi esposa y yo comenzamos a asistir a una iglesia grande en Aberdeen, Dakota del Sur, aproximadamente a cuarenta millas de camino. Un domingo por la mañana, el pastor pidió a George Sahlie que tetificara. George era un antiguo miembro de iglesia a quien yo había visto unas cuantas veces, pero con quien nunca había conversado. Era un hombre grande de aspecto fuerte, en sus sesenta años de edad por ese entonces. Cuando se levantó para hablar, la iglesia guardó silencio y todos los ojos se fijaron en él. Por lo visto la gente en la iglesia lo conocía bien y esperaba con impaciencia oír su historia. ¡Y cuán increíble era esa historia!

George había pasado más de la mitad de sus sesenta años en cárcel. Sus delitos fácilmente podrían haberle costado una cadena perpetua sin libertad condicional, pero él había sido liberado sólo unos años antes. Él comenzó su testimonio relatando cómo cayó en cárcel en primer lugar. Su historia era fascinante, pero muy dolorosa de oír.

El padre de George era un alcohólico abusivo con una propensión a la violencia. Por alguna razón, él ejercía su brutalidad en particular con su hijo más joven. George relató que una vez durante una rabieta de borracho su padre lo golpeó brutalmente, dejando su cuerpo completamente ensangrentado. Aún así, él de alguna manera encontró la voluntad para sobrevivir. En sus propias palabras:

"Todo lo que quería era vivir el tiempo suficiente para conseguir un arma y matar a mi padre."

George sobrevivió, pero cuando tuvo suficiente edad para empuñar un arma, la usó para cometer un violento delito que lo llevó a la cárcel. El presidio no lo reformó de manera alguna y su odio hacia su padre no disminuyó. Él entró y salió de cárceles y prisiones hasta que recibió una condena de veinte años por otro delito violento. Increíblemente, había una mujer en la vida de George fuera de la la cárcel. Por motivos que él no podía comprender, ella lo amaba y le era fiel. Cuando él fue a la cárcel para posiblemente cumplir una cadena perpetua, ella aceptó a Cristo como Salvador y comenzó a testificarle. Él la maldecía a ella y a su Dios, y era extremadamente abusivo, decidido a expulsarla de su vida para siempre. Sin embargo, ella no dejó de visitarlo e incluso le propuso que se casaran.

Por el mismo tiempo, los alumnos del instituto bíblico de Hub City comenzaron a visitar la la cárcel donde estaba George. Ellos celebraban servicios, y visitaban a los presos y les distribuían literatura y biblias en sus celdas. George era su peor pesadilla. Él admitió que "los insultaba con obscenidades" y rompía las biblias y la literatura. Incluso los escupió en la cara mientras les gritaba obscenidades. En una ocasión él sacó sus brazos por entre los barrotes de la celda y agarró la camisa de un joven. Repetidamente golpeó la cabeza de esta persona contra las barras de hierro. Para su asombro, el joven y los demás volvieron el siguiente mes para soportar más abuso; y el siguiente, y el siguiente, durante más de un año. Cada vez George intensificó sus esfuerzo de ahuyentarlos, pero ellos siguieron mostrándole amor y bondad. Aunque él nunca lo reconoció, George comenzó a esperar con mucha ilusión la visita de ellos, pero no podía explicarse por qué.

Entonces, después de un año de incesante persuasión, George consintió en contraer matrimonio. Se fijó una fecha para una "boda carcelaria". Se esperaba que sólo unos pocos amigos y la familia asistieran. El día de la ceremonia, Dakota del Sur fue golpeado con una severa ventisca y nadie apareció para la boda, excepto la novia. Aun así, George estaba decidido a llevar a cabo la boda. Cuando la ceremonia estaba a punto de comenzar, las puertas se abrieron y, cubiertos de nieve, una docena o más de los alumnos del instituto bíblico de Hub City ingresaron en el cuarto. Ellos habían oído de la boda de George y habían conducido durante horas en la tormenta de nieve para estar allí. Incluso trajeron regalos.

La cara de George Sahlie cambió y apenas pudo decir las siguientes palabras, como si ellas desgarraran algo en su interior. "Ellos hasta llevaron un pastel de boda y refrescos." George describió la vergüenza que sintió por la manera en que había tratado a estos alumnos durante más de un año. Ellos sólo le habían mostrado amor y bondad. Él había respondido solamente con odio y abuso. "Pero ahora –continuó–, a pesar de todo lo que yo había hecho, ellos vinieron a mi boda." George Sahlie se quebrantó y se rindió al amor de Jesús que le habían mostrado un grupo de alumnos de instituto bíblico de Hub City que lo condujeron al reino de Dios.

Extraordinariamente, debido al cambio notable que experimentó este endurecido presidiario, se le concedió un perdón ejecutivo y George fue liberado de su sentencia. El día en que dio su testimonio en la iglesia, ya había estado unos cuantos años en libertad. Él estaba muy emocionado de anunciar que después de fumar durante más de cincuenta años, ¡Jesús lo había librado finalmente de los cigarrillos! Él arrojó un viejo encendedor en el piso de la iglesia como una señal de su libertad recién descubierta.

Tengo este encendedor hasta hoy. En su cubierta se lee el nombre rasguñado a mano: "George Sahlie". Cuando miro este encendedor recuerdo su historia y la lección que encierra: no se rinda de testificar a pecadores, no importa cuán rebeldes o resistentes al evangelio sean. El amor y la gracia de Dios, que obra por medio de nosotros, pueden ganarlos para Cristo. Es muy posible que Dios tenga preparado un lugar para otro George Sahlie en su reino.

PREGUNTAS
DE REFLEXIÓN

1. Este autor declara: "no todos los que vinieron a Jesús lo hicieron con necesidades legítimas u objetivos nobles". Motive al grupo a dar su testimonio personal. ¿Cuáles fueron algunas circunstancias personales que condujeron a algunas personas que usted conoce a un encuentro con Cristo?

2. Judas es una de las figuras más trágicas en el Nuevo Testamento. Considere cómo se presenta en el texto las circunstancias de su traición a Jesús. ¿Cómo alguien a quien fur dado tal acceso privilegiado a la vida y enseñanza de Jesús fuera capaz de tal traición?

3. ¿Cuál era la preocupación principal o el temor del Sanedrín, que los llevó a conspirar contra la vida de Jesús? ¿Se produce esta preocupación hoy e impide que la gente acepte a Cristo como Salvador y Señor? Exploren juntos qué preocupaciones modernas actúan como una fuerza que disuade a las personas de la fe y el compromiso con Cristo. ¿Cómo dejamos que lo "conveniente" triunfe sobre la verdad?

4. Una profecía acerca de la muerte de Jesús en manos del pueblo judío viene de una fuente improbable, ¡Caifás! Considere cómo es posible que un incrédulo pueda anunciar una profecía verdadera (v. 51).

5. ¿Cuál era la diferencia entre los soldados romanos y la policía del templo que vino a Jesús, y las dos categorías de aquellos que vinieron a Jesús antes que ellos? Considere cómo la "ignorancia" fue un factor atenuante de su oposición y trato de Jesús. ¿Sabe usted de personas cuya oposición a Jesús, o la fe cristiana, es motivada por una "obediencia ciega" o "ignorancia bien intencionada"?

6. Considere la historia que el autor refiere acerca de la conversión de George Sahlie. ¿Cómo explica usted lo que sucedió en su corazón y lo hizo receptivo al evangelio? ¿Qué cree que los primeros cristianos pensaron respecto a Saulo de Tarso y que tal vez lo calificaba como quien quizá nunca aceptaría el evangelio? ¿Quiénes son las personas cuya salvación usted considera un hecho muy poco probable? ¿Qué piensa usted que Dios quiere que nosotros hagamos respecto a esas personas?

CAPÍTULO 10

LAS MUJERES JUNTO A LA CRUZ

JUAN 19:25-27

Introducción

Una de las escenas más conmovedoras y emocionantes en el Evangelio de Juan es la breve descripción de la preocupación de Jesús por su madre mientras moría en la cruz. Esto nos conduce a nuestro presente asunto. ¿Quiénes vinieron a Jesús junto a la cruz? Por supuesto, hay que mencionar los soldados y los dos ladrones. Los primeros, porque llevarían a cabo la ejecución; los últimos, porque fueron ejecutados junto con Jesús. Pero además de éstos, ¿a quiénes menciona Juan?

En realidad, si leemos con cuidado, no hay *nadie,* excepto algunas mujeres. Mientras los demás evangelios mencionan y registran las palabras y la presencia de los espectadores, a los líderes judíos y a Simón de Cirene[69] junto a la cruz, el Evangelio de Juan menciona sólo éstas mujeres y el apóstol Juan. Leemos: "Estaban junto a la cruz de Jesús su madre, y la hermana de su madre, María mujer de Cleofas, y María Magdalena" (19:25).

¿Quiénes eran estas mujeres y por qué estaban allí? No sabemos nada de la hermana de María y de María la esposa de Cleofas, a menos que ella sea el otro discípulo sin nombre que Jesús encontró en el camino a Emaús (Lucas 24:13, cf. v. 32).

---

69 Mateo (27:32) menciona a Simón de Cirene (como lo hace Marcos 14:21 y Lucas 23:26), aquellos que pasaban (27:39; cf. Marcos 14:29; Lucas 23:35), los principales sacerdotes, escribas y ancianos (27:42). Es interesante que Lucas se refiere simplemente a ellos como "los gobernantes" (Lucas 23:35).

I. LA LEALTAD DE UNA HERMANA:
LA HERMANA DE MARÍA

Nada se sabe de la hermana de María, excepto lo que leemos aquí en Juan. Ella posiblemente viajó a Jerusalén para celebrar la Pascua de los judíos con su familia, o tal vez vivía cerca en una ciudad o pueblo de los alrededores. No sabemos.

Es muy probable que fuera una discípula junto con las demás mujeres. Quizás ella llegó a Jerusalén sólo para informarse de las trágicas circunstancias del hijo de su hermana. En cualquier caso, ella está allí junto a la cruz para apoyar a María. La cultura judía ponía un gran énfasis en la parentela y la familia. Como tal, su presencia es una expresión de su lealtad y amor por su hermana.

II. LA AGRADECIDA LEALTAD DE UNA DISCÍPULA:
MARÍA MAGDALENA

Nuestro conocimiento de María Magdalena es escaso, a pesar de que su nombre se menciona una docena de veces en los Evangelios del Nuevo Testamento.[70] Todas, excepto una de aquellas referencias, la sitúan en la escena de la cruz o en la tumba de Jesús. Lo que sabemos es que ella fue una de las mujeres de las cuales Jesús expulsó espíritus malignos (Lucas 8:2); ¡fue liberada de siete demonios!

Sólo podemos imaginar la transformación que ocurrió en su vida, si en efecto ella tenía conciencia de su propia existencia. Jesús le devolvió su existencia. Él le dio una nueva vida, libre de la esclavitud espiritual. A partir de aquel momento María se convirtió en su fiel seguidora. Su lealtad a Jesús indudablemente se debía a la gratitud por el increíble milagro que Él había obrado en su vida.

No nos debe sorprender, entonces, que ella esté allí junto a la cruz. Ella sigue su cuerpo a la tumba y el Domingo de Resurrección llega temprano con las demás mujeres para ungir

---

70 Véanse Mateo 27:56, 61; 28:1; Marcos 15:40, 47; 16:1, 9; Lucas 8:2; 24:10; Juan 19:25; 20:1,18

el cuerpo de Jesús con especias (Mr 16:1). Ella examina la tumba vacía, ve a un ángel y oye que él anuncia: "[Él] ha resucitado" (Mr 16:6). Por consiguiente, María Magdalena se halla entre los primeros testigos que declararon su resurrección. Ella fue la que anunció esto a Pedro y los demás apóstoles.

III. EL AMOR Y LA LEALTAD DE UNA MADRE

¿Qué sabemos sobre María? La Escritura no registra muchos detalles acerca de su vida o trasfondo. La mayor parte de las referencias aparecen en las narrativas del nacimiento de su hijo, Jesús.[71] Después, se la menciona con menos frecuencia, y las apariciones son prácticamente notas al pie de página. Varias veces se la menciona como la "madre" de Jesús,[72] y una vez a Jesús se lo menciona como "el hijo de María" (Mr 6:3). Ya que el Evangelio de Juan no contiene ninguna narrativa del nacimiento, María no se menciona sino hasta su breve aparición en las bodas de Caná (Juan 2), y luego aquí junto a la cruz.

Aunque nos parezca extraño, probablemente no se la menciona para distinguirla de las otras dos mujeres con el mismo nombre (19:25). Por consiguiente, debemos dejar que el Evangelio de Juan junte las piezas de lo que María entendió acerca del propósito de Dios y el destino de su hijo como un ser único.

Entre los autores de los Evangelios, Lucas es el que da más información. Él registra que María recibió la visita del ángel Gabriel, que no sólo anunció el nacimiento milagroso de su hijo Jesús, sino que declaró que Él tendría una relación única con Dios. Él sería llamado, "Hijo del Altísimo" e "Hijo de Dios". Dios le daría el trono de su Padre, y heredaría un reino que no tendría fin (Lc 1:28-35).[73]

---

71 De las 19 referencias a María en el NT, 16 se hallan en las llamadas narrativas de la infancia de Jesús en los Evangelios de Lucas y Mateo. Véanse Mt 1:16, 18, 20; 2:11; Lc 1: 27, 30, 34, 38, 39, 46, 56; 2:5, 16, 19, 34.

72 Mt 1:16; 13:15; Lc 2:34; Jn 19:25; Hech. 1:14.

73 Esta última descripción recuerda la promesa hecha a David en 2 Samuel 7, y obviamente se refiere al reino eterno del Mesías.

A pesar de este maravilloso anuncio, su fe sería profundamente probada por un embarazo escandaloso que casi le costó su compromiso con José. Pero Dios intervino con otra visitación angelical. Esta vez fue a José quien entonces abandonó su plan de divorcio.

El nacimiento de Jesús fue la confirmación de lo que el ángel Gabriel había anunciado a María. Ella supo que unos pastores cerca de Belén habían recibido la visita de una hueste de ángeles que les anunciaron el nacimiento de su hijo (Lc 2:9-14).

Más tarde, durante la dedicación de Jesús en el templo de Jerusalén, María oiría la maravillosa alabanza profética y declaraciones de Simeón y de Ana, la profetisa.

Después de un tiempo, cuando Jesús era aún pequeño,[74] María y José recibieron la visita de magos del Oriente (Mateo 2:1)[75] quiénes adoraron al niño y le presentaron costosos regalos. Aunque no sabemos exactamente lo que María pensó de todo esto, Lucas nos dice que ella "guardó todas estas cosas, meditándolas en su corazón" (Lc 2:19).

Mucho más adelante, cuando Jesús era ya un muchacho, María fue a Jerusalén. Allí experimentó el insoportable temor de la madre que pierde a su hijo. Cuando lo encontró en el templo, dialogando con los rabíes (Lc 2:41-50), Jesús habló en una manera críptica acerca de la "casa de su Padre", y nuevamente María tuvo una causa de reflexión profunda.

---

74 Herodes averiguó de los magos acerca de cuándo ellos habían visto por primera vez la estrella que anunció el nacimiento de un rey judío. Más tarde él ordenaría matar a todos los niños varones en Belén, que eran de dos años y menores.

Esto sugiere que la visita de los magos para ver al niño Jesús no ocurrió durante noche de su nacimiento, sino mucho más tarde. Note que cuando ellos llegan, María y José vivían en una casa (Gr, *oikia*, Mt 2:11)

75 La palabra *magos* es una palabra persa que se refería a un sabio o sacerdote que practicaba la astrología y la adivinación. Ellos habían observado, obviamente, alguna configuración estelar en el cielo, que les señaló el nacimiento de un gran rey judío.

Ella seguramente sabía que Jesús no era un niño como los demás, y que su destino estaba de alguna manera ligado al mayor plan de Dios para Israel, ¿pero de qué manera?

Cuando Jesús comenzó su ministerio público, las noticias de sus milagros y la predicación sin duda llegaron a María. Ella, juntamente con su familia, seguramente se sintió comprensiblemente preocupada y un poco confundida.[76]

Mateo registra que cuando le llegan noticias de la enseñanza y el ministerio extraordinarios de Jesús, ella junto con sus hijos va a buscarlo (Mt 12:47). Es posible que más de una vez, ella haya pensado que las palabras y las obras de Jesús parecían un poco absurdas, y fue con su familia a interceptarlo (Mr 3:21), (o envió a sus hijos).

No obstante, es posible que en algún momento durante el ministerio terrenal de Jesús, María, su madre, se convirtiera en creyente y discípula.[77] Sin embargo, si María prestó atención a la enseñanza de Jesús, ella debe haber sabido que en múltiples ocasiones (Mr 8:31; 9:31; 10:33), Jesús anunció su muerte en la cruz y su resurrección. Aun así, este hecho no explica *totalmente* por qué ella está presente en la escena de la cruz.

En Juan 19 María está allí, no sólo como una de sus fieles discípulas, sino como alguien que tiene una relación única con Jesús. Está allí como *madre*. Ella no puede impedir su muerte, ni tampoco puede aliviar sus sufrimientos. ¿Entonces, por qué está allí? ¡Está allí porque es su madre *y una madre no abandona a su hijo en el momento de su muerte*!

---

76 Esto a pesar de que, al menos una vez, en una boda en Cana (Juan 2:1-11), ella aprovecha el conocimiento de que la obra de milagros estaba dentro de los derechos de su hijo.

77 Es también posible que esto ocurriera después de la Resurrección. Lo que sí sabemos es que María es contada entre los creyentes post-resurrección, quienes en obediencia al mandato de Cristo (Lucas 24:49) se reunieron en Jerusalén para esperar la promesa del Espíritu (Hechos 1:14).

Ella tal vez fue testigo de parte de la cruel tortura de azotes, pero no lo sabemos. Indudablemente ella siguió la penosa procesión por las calles de Jerusalén con las demás mujeres a las que Jesús se dirigió como "hijas de Jerusalén" (Lc 23:28). Él les dijo que no lloraran; pero María no pudo contener las lágrimas.

Ella lo vio tendido en la cruz y lo vio contraerse con cada martillazo cuando los soldados atravesaron sus manos y sus pies con los clavos. Con cada golpe su corazón se destrozaba. Ella vio cuando fue levantado entre la tierra y el cielo; ella oyó su clamor de dolor y sed. El dolor y la angustia del corazón de esta madre son inescrutables y más allá de toda descripción. Entonces, ¿por qué ella se quedó al pie de la cruz y lo soportó?

De nuevo, María era su madre *y una madre no abandona a su hijo ni deja que muera solo.*

Jesús debe haber sabido la pena abrumadora que su madre estaba experimentando; pero Él estaba indefenso. No podía mitigar la angustia o el dolor del corazón de su madre. Sin embargo, su pensamiento era el bienestar temporal y la supervivencia de ella en esta tierra después de que Él se hubiera ido.

Podemos suponer acertadamente que José ya había fallecido, y que después de la muerte de Jesús, María no tendría hijo ni marido que se encargara de ella. Él habla a Juan, su discípulo *amado*. Sólo a alguien tan querido y cercano a Él le podía haber confiado el cuidado de su madre porque entendía su preocupación.

PENSAMIENTOS PARA CONCLUIR

Hay un lazo especial que une a un hombre con su madre. Los corresponsales de guerra registran muchas anécdotas de hombres fuertes, que usaron su último aliento para lanzar un llamado a una madre distante y a veces difunta. Es como si en el momento de la muerte ellos fueran transportados al pasado, a un tiempo cuando la presencia consoladora de una madre estaba sólo a un llamado de distancia.[78]

Jesús no mostró ninguno de tales delirios, pero entre sus últimos pensamientos en esta tierra estuvo el de su madre. ¿No confirma esto el hecho de que Jesús se sumergió tan a fondo en la humanidad, que experimentó la amplia gama de emociones humanas?

Cuando Jesús, el Hijo divino de Dios, se hizo hombre, Él entró en el ámbito de las relaciones humanas. Por consiguiente, se hizo partícipe de los sentimientos y las emociones propios de tales relaciones y que se nutren de ellas. En esta conmovedora escena que Juan nos da, la humanidad de Jesús se vuelve personal y relacional. Él no sólo es el Hijo divino de Dios, es *el hijo* de alguien. María no es sólo una seguidora de Jesús, ella es la *madre* de Jesús. Repentinamente somos invitados a observar la muerte de Jesús desde una perspectiva *humana* muy familiar.

---

78 Yo verifiqué personalmente este fenómeno de guerra mientras enseñaba una clase de varones adultos en la academia *Victory Trade School* en Springfield, Missouri en 2009. Sentado en la clase había un hombre anciano llamado Tony. Cuando hice la susodicha observación, él levantó su mano. Con lágrimas y emoción hizo este comentario: "Muchos de ustedes saben que soy un veterano y he estado en la guerra. Durante mi servicio militar he visto morir a bastantes hombres, y observé exactamente lo que usted dijo. He oído a hombres ya mayores que llamaron a su madre antes de que murieran."

PREGUNTAS DE REFLEXIÓN

1. ¿Dónde estaban los otros discípulos de Jesús en el momento de su muerte? ¿Encuentra usted culturalmente extraño que Juan destaque la presencia de estas mujeres en la escena de la cruz? De ser así, explique.

2. ¿Qué conclusión extrae usted de la mención de la hermana de María, la madre de Jesús, cuando no se la menciona en ninguna otra parte del Nuevo Testamento? ¿Piensa que Juan extrajo de fuentes independientes para su Evangelio? ¿Cuán plausible es la posibilidad de que su propio testimonio esté detrás de esta mención?

3. Explique por qué, si los autores de los Evangelios estuvieron preocupados por salvaguardar la buena reputación de Jesús, no minimizaron la persona de alguien como María Magdalena. ¿Por qué ella no sería considerada una testigo convincente o fiable de la resurrección?

4. ¿Cuáles son las dos ocasiones en que Juan menciona a la madre de Jesús? A pesar de estas limitadas ocasiones, explique por qué ellas son en particular importantes en el testimonio de Juan acerca de Jesús, el Cristo.

5. El autor hace resaltar el lado humano del drama de la Pasión en cuanto al dolor, la pena, y el sufrimiento de María. ¿Cuán convincente es esta representación? ¿Qué añadiría usted o enmendaría?

6. Comente si usted piensa que María era ya creyente en el momento de la muerte de Jesús, o si ella se convirtió después de la resurrección. ¿Cuánto conocimiento acerca de la verdadera identidad de Jesús poseía ella antes de la resurrección?

7. Dialogue acerca de la humanidad de Jesús a juzgar por la preocupación por su madre. ¿De qué manera la descripción que el autor hace de la humanidad de Jesús le ayuda a entender mejor la Encarnación, y por qué razón Jesús como nuestro sumo sacerdote puede entender plenamente nuestra debilidad humana (He 4:16)?

CAPÍTULO 11

JOSÉ DE ARIMATEA Y NICODEMO

JUAN 19:38–42

Introducción

Jesús ha muerto en la cruz. Uno pensaría que este hecho pone fin a toda oportunidad de que alguien venga a Jesús, pero no es así. En Juan 19:38-42 encontramos dos personas que cumplieron un papel importante en la sepultura de Jesús. Ellos son indudablemente creyentes, pero son discípulos vacilantes y tímidos. ¿Son tales discípulos siquiera dignos de mencionar? Juan pensó que sí, y relató el papel que cumplieron en la sepultura de Jesús, y es de este episodio que aprendemos acerca de su discipulado.

I. JOSÉ DE ARIMATEA: EL DISCÍPULO TEMEROSO (19:38)

Su nombre designa el lugar de su nacimiento. La ciudad de Arimatea estaba situada al noroeste de Judea, a veinte millas de Jerusalén aproximadamente. Los Evangelios mencionan a José sólo en asociación con la sepultura de Jesús. Mateo registra que José se habían convertido en discípulo. Cuándo o cómo sucedió, no lo sabemos.

No obstante, después de la muerte de Jesús, él pidió el cuerpo y Pilato consintió. Mateo luego relata que José se hizo cargo de los gastos de sepultar a Jesús. "Y tomando José el cuerpo, lo envolvió en una sábana limpia, y lo puso en su sepulcro nuevo, que había labrado en la peña; y después de hacer rodar una gran piedra a la entrada del sepulcro, se fue" (Mt 27:59,60). Las tumbas labradas en la roca eran bastante comunes, pero por lo general era la opción del rico, pues la mayor parte de personas después de morir eran puestas en una urna o sepultadas directamente en la tierra.[79]

Esto concuerda con el detalle que menciona Mateo, de que José era "un hombre rico". Al indicar esto, Mateo posiblemente quiso que sus lectores recordaran las palabras de Isaías el profeta: "Y se dispuso con los impíos su sepultura, mas con los ricos fue en su muerte" (Is 53:9).[80] Pero Juan no tiene interés alguno en la posición social de José. Él simplemente lo describe como un discípulo, aunque "secretamente".

El registro de Marcos (15:42–46) es más complejo.

Cuando llegó la noche, porque era la preparación, es decir, la víspera del día de reposo, José de Arimatea, miembro noble del concilio, que también esperaba el reino de Dios, vino y entró osadamente a Pilato, y pidió el cuerpo de Jesús. Pilato se sorprendió de que ya hubiese muerto; y haciendo venir al centurión, le preguntó si ya estaba muerto. E informado por el centurión, dio el cuerpo a José, el cual compró una sábana, y quitándolo, lo envolvió en la sábana, y lo puso en un sepulcro que estaba cavado en una peña, e hizo rodar una piedra a la entrada del sepulcro.

Usted notará que Marcos sorprendentemente no llama a José un discípulo. El lector saca sus propias conclusiones no sólo respecto a su petición a Pilato, sino de la descripción de

---

79 Para una descripción breve pero muy clara de las prácticas de entierro, véase *Backgrounds of Early Christianity*, 3ª ed. (Grand Rapids: Wm. B. Eerdmans Pub. Co., 1987, 2003), 246-250.

80 Esto estaría también en corcordancia con el énfasis de Mateo en el cumplimiento de la profecía. Véanse Mateo 1:22; 2:15, 17, 23; 8:17; 12:17; 13:14, 35; 21:4; 26:54, 56; 27:9.

Marcos en cuanto a su papel en la sepultura de Jesús. Además, aprendemos que José era "un miembro noble" del Sanedrín. Este hecho también explica por qué tuvo la osadía de pedir el cuerpo de Jesús. Esta acción era un desafío directo a la resuelta oposición que el concilio manifestó a Jesús de Nazaret. Sin embargo, esto también explica por qué Pilato se muestra tan dispuesto a entregarle el cuerpo.

Lucas condensa el relato de Marcos y añade algunos detalles propios (Lc 23:50–53).

Había un varón llamado José, de Arimatea, ciudad de Judea, el cual era miembro del concilio, varón bueno y justo. Éste, que también esperaba el reino de Dios, y no había consentido en el acuerdo ni en los hechos de ellos, fue a Pilato, y pidió el cuerpo de Jesús. Y quitándolo, lo envolvió en una sábana, y lo puso en un sepulcro abierto en una peña, en el cual aún no se había puesto a nadie.

Como Marcos, Lucas menciona que era miembro del concilio, pero añade que era un "varón bueno y justo" (v. 50), y que no había consentido en la decisión del Sanedrín repecto a Jesús. Lucas también menciona el papel de José en dar sepultura al cuerpo de Jesús en una tumba tallada en la roca. Él añade el interesante detalle de que la tumba nunca había sido usada.

El relato de Juan es el más breve de todos (19:38), y lee:

Después de todo esto, José de Arimatea, que era discípulo de Jesús, pero secretamente por miedo de los judíos, rogó a Pilato que le permitiese llevarse el cuerpo de Jesús; y Pilato se lo concedió. Entonces vino, y se llevó el cuerpo de Jesús.

Un detalle *no* proporcionado por los otros autores de los Evangelios es que era un discípulo "secretamente". Juan también da la razón de qué José era "un cristiano secreto"; temía las posibles represalias de los judíos[81] si él proclamaba públicamente su fe. No obstante, su petición del cuerpo de Jesús fue un acto que ciertamente no podría haberse guardado en secreto del Sanedrín. Podemos por cierto suponer que, al menos en este punto, José venció sus temores e hizo pública su fe.

II. EL DISCÍPULO PROGRESIVO: NICODEMO (19:39)

Nicodemo nos es conocido sólo por el Evangelio de Juan, donde su nombre aparece cinco veces.[82] En el capítulo 3 lo encontramos primero cuando viene a Jesús de noche con preguntas. Es allí donde aprendemos que él es "un principal entre los judíos". Es probable también que fuera miembro del Sanedrín,. En Lucas 22:66 se menciona *el presbuterion*, o "los ancianos del pueblo", que el escritor identifica como el Sanedrín.

En su encuentro temprano con Jesús él se presenta como un hombre en una especie de peregrinaje espiritual. Tenía preguntas sinceras y honestas, pero le costó entender las respuestas de Jesús. Si Nicodemo se convirtió en creyente en aquella reunión es incierto. Sin embargo, más tarde, en Juan 7:50, lo encontramos alzando la única (aunque cautelosa) voz de discrepancia a la condena de Jesús acordada por el Sanedrín.

Ahora aquí, en Juan capítulo 19, Nicodemo, junto con José de Arimatea, se hace cargo de los gastos de la sepultura del cuerpo de Jesús. José suministra la tumba, y Nicodemo el lino y las especias para el entierro.

¿Qué pasó con el tímido seguidor de Jesús? Al parecer, ya no le preocupa que se lo asocie con los seguidores de Jesús. Él sale *de la noche* (Jn 3:2) a la luz de fe.

---

81 En su Evangelio, Juan usa a menudo la frase "los judíos" para referirse a los líderes religiosos, tanto fariseos como saduceos (a veces miembros del Sanedrín) que se ponen de acuerdo en su oposición a Jesús.

Véanse Juan 1:19; 2:18, 20; 3:1; 5:10, 15, 16, 18; 6:41, 52; 7:13, 15; 8:42, 52, 57; 9:18, 22; 10:19, 24, 31, 33; 11:8; 13:33; 18:31, 36; 19:7, 12, 14, 21, 31, 38; 20:19.

82 Véanse Juan 3:1, 4, 9; 7:50 y 19:39.

PENSAMIENTOS PARA CONCLUIR

Nicodemo y José de Arimatea representan dos tipos de discípulos que son bastante comunes hoy. La historia del cristianismo está llena de figuras heroicas de la fe, quienes arriesgan la vida y la integridad física por causa del evangelio. Los aplaudimos y los elogiamos, y bien deberíamos; pero aunque numerosos, no son la regla, sino la excepción.

La fe cristiana incluye a discípulos de todos los matices empíricos, que van desde la gama del discípulo dudoso y temeroso hasta aquellas figuras heroicas con valentía casi imprudente. A menos que seamos misioneros de carrera, que han vivido y ministrado en el tercer mundo, vemos mucho más de la variedad dudosa y temerosa de cristrianos que de la de los heroicos.

Con cautela, sin pretender ser acusado de promover un cristianismo débil y timorato, déjeme decir que el Evangelio de Juan presenta discípulos menos que heroicos, ¡pero discípulos al fin y al cabo! José de Arimatea y Nicodemo progresaron hacia la fe explícita y Juan no los ridiculiza, más bien los reconoce abiertamente. Desde luego ellos no son candidatos para el *Libro de Mártires;* no obstante, ¿cuántos de los discípulos de Cristo lo son?

Lo que deberíamos aprender y notar a partir de este episodio en Juan, es que el discípulado es un proceso y una obra en proceso. No sabemos dónde la gracia de Dios nos alcanzará. No sabemos con seguridad qué sucedió con José y Nicodemo. Es muy posible que su fe siguiera creciendo, y tomara el carácter valeroso de otros que tan fácilmente admiramos.

No se menosprecie usted mismo o a otros por no presentar una fe heroica; recuerde que la vida conectada con la gracia de Dios perfecciona su fe. Permítame citar un gastado pero pertinente refrán: "Sea paciente; Dios todavía no ha terminado su obra en usted."

PREGUNTAS
DE REFLEXIÓN

1. ¿Ha conocido alguna vez usted a un seguidor de Jesucristo a quien le fue difícil confesar públicamente su fe, o a quien le es difícil reconocer su fe en Cristo? ¿Hable de algunos síntomas y las causas de tal timidez en el discipulado?

2. Contemple las circunstancias en la vida de José de Arimatea que habrían obrado contra él si hubiera declarado abiertamente su fe en Jesús. ¿Qué habría arriesgado él al hacer algo así? ¿Qué pérdidas podría él haber sufrido?

3. ¿Cómo puede uno vencer la tendencia a ser un discípulo tímido? Lea 2 Timoteo 1:7 y 1 Juan 4:17-19. ¿Qué debe suceder en la vida de alguien a fin de vencer el miedo de ser conocido como uno de los discípulos de Jesús?

4. Comente el aparente progreso de Nicodemo entre su primer encuentro con Jesús y su participación en la sepultura de Jesús. ¿Hable del riesgo que él asume al identificarse valerosamente con Jesús y sus discípulos?

5. ¿Es usted *más* o *menos* valiente hoy en su testimonio de Cristo que cuando se convirtió en seguidor de Cristo? ¿Explique por qué piensa que así es?

6. ¿Estuvo de acuerdo usted con el punto del autor en sus conclusiones, de que la fe heroica es rara y la excepción, no la regla? ¿Por qué supone usted que hay más historias de fe heroica que proceden de países del tercer mundo?

- CAPÍTULO 12 -
MARÍA MAGDALENA Y LA TUMBA

JUAN 20:1–18

Introducción

La información que tenemos de María Magdalena es escasa, a pesar de que su nombre aparece doce veces en los Evangelios del Nuevo Testamento.[83] Sorprendentemente, todas excepto una de aquellas apariciones la sitúan en la escena de la cruz o en la tumba de Jesús. La única excepción (Lucas 8:2) la identifica entre las mujeres de las que Jesús expulsó espíritus malignos. ¡Se dice que María había sido liberada de siete demonios! Jesús le devolvió su vida.

Realmente, Él le dio *una nueva* vida, libre de la esclavitud espiritual. A partir de aquel momento ella se convirtió en su fiel seguidora. Ahora vemos que su devoción la conduce a la tumba el primer día de la semana (20:1). Estudiemos esta enigmática figura para ver las lecciones de su vida que podrían aplicarse a la nuestra.

I. ELLA VINO EN AMOROSA DEVOCIÓN

En el capítulo 19 vimos que María Magdalena fue una entre los pocos discípulos que estuvieron en el lugar de la crucifixión (19:25). Ella con toda seguridad vio morir a Jesús (Mt 27:51).

---

83 Véanse Mt 27:56, 61; 28:1; Mc 15:40, 47; 16:1, 9; Lc 8:2; 24:10; Jn 19:25; 20:1, 18

María estaba presente cuando Nicodemo y José de Arimatea bajaron el cuerpo de la cruz y lo unjieron para la sepultura (19:38–40). Ella los siguió cuando pusieron su cuerpo en una tumba. Claramente, la preparación para la sepultura fue interrumpida por el día de reposo que se aproximaba (19:31).[84] Por consiguiente, María está temprano en la tumba el domingo de Resurrección, cuando todavía estaba oscuro.[85]

Marcos nos indica que ella está allí con otras mujeres para finalizar la unción (16:1), sin embargo ellas se preguntaron como moverían la piedra. Al llegar, ellas descubren que la piedra había sido movida. Ella examina la tumba vacía, ve a un ángel y oye que él anuncia: "Jesús nazareno... ha resucitado" (Mc. 16:6). Inmediatamente, ella responde a la instrucción del ángel (v.7) y entrega un informe a los discípulos y a Pedro de lo que ella ha visto y oído.[86]

En la antigua cultura judía la sepultura se consideraba como el supremo acto de amor y lealtad que una persona podía otorgar a miembros de su familia o a sus progenitores. Usted recordará la respuesta algo chocante de Jesús al discípulo que le pidió permiso para sepultar a su padre antes de seguirlo: "Sígueme; deja que los muertos entierren a sus muertos" (Mt 8:21,22).

En los días de Jesús la sepultura sucedía en un lapso muy breve después de la muerte, por lo general el mismo día. Por consiguiente, es probable que este joven quería seguir a Jesús pero después de la muerte de su padre que todavía estaba vivo. NO pedía permiso para sepultar a su padre porque acabara de morir.

---

84 Juan nos dice que "el día de preparación" (es decir, el primer día de la fiesta de los panes sin levadura) cayó en un sábado ese año, haciéndolo un día festivo. Véase Éx 12:16; Lv 23:7. No debía hacerse ningún trabajo durante tal día.

85 La mención de la oscuridad puede ser intencional, y parte de la temática luz-tiniebla que Juan usa para contrastar las condiciones espirituales antes y después de la revelación de Dios en la persona de Jesucristo. Véase Juan 1:4-10.

86 Por consiguiente, ella está entre los primeros testigos de la resurrección, y entre los testigos verbales que declaran la resurrección de Cristo.

Sin embargo, Jesús enseña de una manera chocante que el verdadero discipulado excede toda lealtad, fidelidad, u obligación terrenal, hasta con aquellos de la propia familia.[87] Aunque no en el sentido de parentesco físico, la lealtad y el amor de María Magdalena se asemeja al de una hija amorosa cuya devoción ni siquiera la muerte podría disminuir o extinguir.

II. ELLA VINO ACONGOJADA

En Juan 20:11 leemos: "Pero María estaba fuera llorando junto al sepulcro." Parece una perogrullada decir que ella estaba allí en la tumba acongojada, sin embargo, cabe repetir que ella es la *única* discípula que Juan sitúa allí, llorando junto a la tumba. Por consiguiente, su congoja es digna de un estudio más detenido.

María examinó la tumba, vio que estaba vacía, luego relató este hecho a los discípulos (v. 2). Pero sus palabras contienen un matiz de pérdida y hasta de desesperanza: "Se han llevado a mi Señor, y no sé dónde le han puesto." Había perdido su oportunidad de ungir el cuerpo con especias para la sepultura. Con el cuerpo desaparecido, no había ni siquiera una tumba que marcara la vida de la persona que había significado tanto para ella.

Después de examinar esta historia, pienso que entiendo un poco más por qué la gente sigue visitando la tumba de sus seres amados que han partido. Las emociones humanas son increíblemente complejas, pero pienso que es adecuado decir que tal acto de algún modo continúa la relación que se ha establecido en la vida; continúa reafirmando el valor que la persona tiene para aquellos que todavía viven. María amó a Jesús profundamente, y su amor no se interrumpió con la muerte. Su congoja brotó cuando fue despojada de una continuación significativa de aquel amor y devoción.[88]

---

87 Véase Mr 3:33-35; Lc 14:26

88 En el Día de los Veteranos en 2008, un editorial conmovedor titulado: "Recordando soldados que ofrecieron el máximo sacrificio", apareció en mi periódico local. El autor describía fotos recientemente vistas en un tablón de anuncios de iglesia. Un extracto leía: "La última foto era todo lo que yo podía

III. ELLA VINO CON GRATITUD

Parte del amor y la devoción de María hacia Jesús indudablemente provino de la gratitud por el increíble milagro que
había obrado en su vida. Como ya se mencionó: ¡Jesús había
expulsado siete demonios de ella! Sólo podemos imaginar la
transformación que se produjo en su vida, si es que en efecto
María pensaba que tenía vida. No es sorprendente, entonces, que
ella esté allí junto a la cruz.

---

soportar. Hablaba más que cualquier texto. Un joven infante de marina,
con un globo terráqueo y un ancla tatuada por su hombro, arrodillado en el
barro. Él está empapado en sudor o lluvia, y viste sólo su ropa interior. Sus
manos están dobladas y su cabeza inclinada en oración. En el fondo otros infantes de marina observan. En frente de él hay lo que parece ser un santuario
de alguna clase. Al observar con más detención usted ve dos piedras grandes
con latas vacías que improvisan como candelabros para velas. Atadas a las
piedras hay dos letreros de cartón con escritura ilegible.

Uno de los carteles tiene una cruz amarilla grande y una bandera de Texas,
la estrella solitaria claramente visible; mi conjetura: el estado de origen del
infante de marina caído. Delante de las piedras habían rondas de munición
esparcidas, algunas en posición vertical y otras de costado. Dos frascos de
cristal llenos de piedrecillas sostenían tres pequeñas banderas estadoun-
idenses. Finalmente, al frente y el centro hay una foto de lo que parece ser un
grupo de infantes de marina en su uniforme azul.

Retrocedí y dejé que mi mente e imaginación se introdujeran en esta
escena conmovedora. Aquí había un joven infante de marina que acababa de
perder a un amigo y compañero infante en combate. Con toda probabilidad
ellos habían compartido el entrenamiento militar durante un año, y aún más
si ellos pasaron por el mismo campamento. Ahora su amigo le había sido
arrebatado de su vida. Los letreros de cartón, las rondas de munición y la
fotografía, era todo que quedaba de sus pertenencias.

Todo lo demás había sido recogido o enviado a casa. No obstante, este
infante de marina no iba a dejar que su amigo fuera tan fácilmente olvidado.
Su vigilia de oración hizo una declaración. El infante de marina caído era
amigo de alguien y lo recordaban. Su vida y muerte tenían un significado.
Él significaba algo para alguien. Su memoria sería llevada por siempre en el
corazón de este infante de marina."

María sigue a quienes llevan el cuerpo de Jesús a la tumba, y el domingo de Resurrección llega temprano con otras mujeres para terminar de ungir con especias el cuerpo del Maestro (Mc 16:1). Su devoción a Jesús no cesó con la muerte de Él. En realidad, la muerte generalmente aumenta nuestra conciencia de cuánto el difunto significó para nosotros. En el caso de María, éste muy bien pudo ser el caso. Ella responde a la muerte de Jesús con un torrente de amor y agradecida devoción.

PENSAMIENTOS PARA CONCLUIR

La gratitud es algo fundamental en la vida cristiana, y es esencial en la motivación de cada verdadero creyente y seguidor de Cristo. Debería ser así durante toda nuestra vida cristiana. Piense con cuanta frecuencia el apóstol Pablo empieza sus cartas con una expresión devota de acción de gracias, o exhorta a las iglesias a dar gracias.[89] Lo que es iluminador es que Jesús mismo nos dio un medio de cultivar la gratitud. Lo llamamos la Cena del Señor, pero la iglesia primitiva lo llamó "eucaristía".

La palabra eucaristía viene del verbo *eucharistein,* "dar gracias", y lo encontramos en la descripción que Pablo hace de la Cena del Señor.

Porque yo recibí del Señor lo que también os he enseñado: Que el Señor Jesús, la noche que fue entregado, tomó pan; y habiendo dado gracias, lo partió, y dijo: Tomad, comed; esto es mi cuerpo que por vosotros es partido; haced esto en memoria de mí. 1 Corintios 11:23,24

Así, incorporado en la liturgia de la Iglesia hay un rito conmemorativo que el Señor mismo nos dio. Esto no sólo nos recuerda la cruz, el acto central de nuestra redención, sino que nos da ocasión de ser agradecidos en nuestra reflexión. Es de un corazón agradecido que fluye la verdadera devoción y una vida de servicio.

---

89 Véanse Ro 1:8; 1 Co 1:4; Fil 1:3,4; 1 Tim 1:12; 2 Tim 1:3; cf. 1 Co 15:56; Fil 4:6; Col 4:2; Ro 6:17; 14:6

PREGUNTAS
DE REFLEXIÓN

1. Explique por qué si alguien escribió los Evangelios para promover la historia de Jesús, y dar credibilidad a los acontecimientos relacionados con su muerte y resurrección, María Magdalena no fue su primera opción de testigo ocular.

2. Lea la parábola de Jesús en Lucas 7:36–43. ¿Por qué María Magdalena habrá mostrado tal amor y lealtad a Jesús? ¿Conoce usted, o ha conocido, a alguna persona que se asemeje a María? ¿Cuál es la historia de esa persona?

3. El autor expone Mateo 8:21,22 para ilustrar la enseñanza de Jesús de que cada obligación o relación terrenal de uno es reemplazada por el compromiso con Cristo. Comente esta realidad. ¿Conoce usted a alguna persona que cuando se convirtió a Cristo fue rechazada por su familia, su cónyuge, o sus amigos cercanos?

4. La devoción de María hacia Jesús, aun después de su muerte, sugiere que el legado de una persona sigue presente en la vida de aquellos que recibieron su influencia mientras estaba viva. Hable de la validez de esta observación. Lea la ilustración en la nota al pie de la página. ¿Qué opina usted acerca de la vigilia de oración del joven infante de marina en memoria de su amigo caído en combate?

5. ¿Está de acuerdo usted con el autor de que la acción de gracias debería ser una motivación primaria en nuestra vida de servicio a Dios? ¿Cuánta "acción de gracias" observa usted en su iglesia? Cuando agradecemos a Dios, ¿cuáles son algunas cosas que debemos recordar?

Ejercicio opcional: compare su lista con los motivos que Pablo tuvo para agradecer a Dios. Las referencias se citan en una nota al pie de la página en este capítulo.

Capítulo 13

Simón Pedro en el Mar de Galilea

Juan 21:1–17

Introducción

Nuestro último episodio trata la aparición de nuestro Señor a los discípulos en el Mar de Galilea. Sólo Juan entre los evangelistas lo llama el Mar de Tiberias.[90] En cierta manera, este incidente comprende tanto la venida de Jesús a sus discípulos como la venida de Simón Pedro a Jesús. Centraremos nuestra atención en Pedro, y lo que este encuentro significó para él personalmente, y para la Iglesia.

Es importante notar que los discípulos están en Galilea en obediencia a la orden del Señor. Marcos (16:7) dice que parte del informe de María Magdalena (Jn 20:18) a los discípulos fue lo dicho a ella por el ángel: "Pero id, decid a sus discípulos, y a Pedro, que él va delante de vosotros a Galilea; allí le veréis, como os dijo."

Por lo visto, después de sus apariciones postresurrección a ellos (20:19-30), los discípulos se dirigieron a Galilea. Cuánto tiempo estuvieron ellos allí antes de este incidente es incierto. Juan simplemente dice: "Después de esto" (v. 1, *Gr. meta tauta*),

---

90 Véanse Mt 4:18; 15:29; Mc. 1:16; 7:31. También es llamado el Lago de Genesaret (Lc 5:1). Juan lo llama realmente el Mar de Galilea en 6:1, pero entonces añade, "es decir el Mar de Tiberias. Se dio nuevo nombre al lago durante la ocupación romana en honor a Tiberio César (14-37 d.C.).

que indica un intervalo breve pero indeterminado del tiempo.[91]
Hay siete discípulos presente (sólo tres se mencionan por nombre) cuando Simón anuncia: "Voy a pescar" (v. 3). Los demás
discípulos, entonces, declaran su intención de unirse a él. ¿Cómo
debiéramos interpretar este retorno a la pesca? ¿Podríamos decir
que Pedro volvía a su antigua vida[92] y que estaba abandonando
su llamado apostólico?

Tal vez sólo querían ocuparse en algo mientras esperaban que
el Señor apareciera con instrucciones adicionales. En cualquier
caso, Jesús se les aparece en la playa mientras ellos están de
pesca en las aguas poco profundas de la orilla.

La escena registrada puede verse casi como un suceso algo
cómico. Aquí aparece este forastero solitario en la playa, atizan-
do una fogata donde cocina un poco de pescado (v. 9). Si esto
sucedió temprano por la mañana, probablemente los discípulos
podían oler el aroma del pecado asado gracias a la brisa que
soplaba desde la playa. El forastero entonces los llama y les
pregunta si *ellos* tienen pescados. La pregunta en griego implica
una respuesta negativa y podría ser traducida como: "Ustedes no
tienen ningún pescado [para comer] ¿no es así?" Los discípulos
responden a este forastero impertinente con un simple "no". Para
añadir el insulto a la herida él les dice que arrojen sus redes al
otro lado de la barca. Increíblemente, estos pescadores cansados
obedecen su orden. Para asombro de ellos, capturan tantos peces
que tienen problemas para subir la red (v. 6) y piden la ayuda de
los discípulos que están en otra barca (v. 8)

Juan ("el discípulo que Jesús amaba") debe haberse dado
cuenta de la identidad del forastero y le dice a Pedro: "Es el
Señor" (v. 7), con lo cual Pedro se pone su ropa y brinca al mar.
Él camina por el agua en la orilla y viene a Jesús. ¿Qué emociones, pensamientos y confusión llenaron el corazón de este
impetuoso discípulo de Jesús?

---

91 Véanse 2:12; 3:22; 5:1, 14; 6:1; 7:1; 11:11; 13:7; 19:28, 38.

92 Esto podría ser sugerido por el uso del tiempo presente, que normalmente
implica una acción continua o progresiva.

I. VINO CON ENTUSIASMO Y ASOMBRO (21:7-14)

¿Le recuerda este incidente un acontecimiento similar que ocurrió previamente en el ministerio de Jesús? En Lucas, capítulo cinco, se registra otra pesca milagrosa, y otra vez la respuesta de Pedro fue el centro de atención. *En aquel entonces*, cuando Pedro vio la pesca milagrosa, se volvió intensamente consciente de una presencia divina. Cayendo sobre sus rodillas delante de Jesús, lanza un grito: "Apártate de mí, Señor, porque soy hombre pecador" (Lc 5:8). Pero en esta ocasión el discípulo impetuoso y verbal se queda silencioso. Hasta que Jesús se dirije a él directamente (Jn 21:15), Pedro no dice nada.

Jesús los invita a compartir el desayuno en el versículo 12. Juan, entonces, añade que ninguno de los discípulos le preguntó quién era Él, porque sabían que era el Señor. La pregunta natural es: ¿cómo sabían ellos que era el Señor? Uno podría concluir que ellos simplemente lo reconocieron por su aspecto físico, pero hay razón para dudar de esta explicación. El Jesús resucitado no fue inmediatamente reconocible para María Magdalena, una de sus discípulas más cercanas (20:15) Otra vez, Jesús se apareció a dos discípulos en el camino a Emaús, y ninguno lo reconoció inmediatamente como el Señor. No fue hasta que él partió el pan con ellos en una comida común que "les fueron abiertos los ojos, y le reconocieron" (Lc 24:30,31).

La fraseología de Juan puede tener una intención teológica: "Vino, pues, Jesús, y tomó el pan y les dio, y asimismo del pescado. Esta era ya la tercera vez [cf. Jn 20:19, 26] que Jesús se manifestaba a sus discípulos, después de haber resucitado de los muertos" (21:13,14). Juan usa el verbo "manifestar" (Gr. *phaneroō*) en un sentido revelador en su Evangelio.[93] Su yuxtaposición de la descripción de "tomar" o "partir" pan y el uso de este verbo, fuertemente sugiere que Juan quiere que nosotros veamos que Jesús les fue revelado en esta comida comunal.

---

93 Véanse Juan 1:31; 2:11; 3:21; 17:6; 21:1, 14.

Como en la Última Cena, el partimiento del pan tiene una función simbólica, y aún reveladora también. Esto recuerda a sus discípulos del Cristo crucificado y resucitado.[94]

II. VINO CON CONFIANZA DEVASTADA Y UNA CONCIENCIA LLENA DE VERGÜENZA (21:15-25)

Más arriba mencionamos la singularidad del silencio de Pedro. Después de vadear a tierra, el Pedro normalmente impetuoso y expresivo no dice nada (al menos como lo registra Juan). ¿Podría ser que al darse cuenta de que estaba en la presencia del Señor a quien había negado no le fue posible pronunciar palabra? Sólo podemos imaginar el silencio extraño y prolongado que se produjo entre ellos. Entonces, después del desayuno, Jesús se volvió para dirigirse a Pedro.

Es imposible no establecer un paralelo entre las tres preguntas hechas a Pedro y sus tres negaciones. Sabemos que las negaciones de Pedro, sobre todo después haber sido predichas por el Señor, fueron muy dolorosas y le provocaron lágrimas de angustia (Mt 26:75; Lc 22:62). Ahora, él está obligado a enfrentar cara a cara a aquel a quien había negado. Dirigiéndose a él formalmente por su nombre, Jesús le pregunta tres veces si le ama. Cada vez, Pedro contesta afirmativamente, a lo cual Jesús pronuncia la misma orden de alimentar o pastorear a sus ovejas.[95]

Uno apenas puede imaginar la confianza devastada y el espíritu herido que poseía Pedro en este encuentro. En su mente él era todo menos la "roca" que Jesús le había llamado.[96]

---

94 Véanse 1 Co 11:23-26; cf. Mt 26:26-29; Lc 22:17-20; Mr 14:22-25.

95 Nótese las dos palabras usadas. El verbo griego *boskein* (vv. 15, 17) significa "alimentar" mientras que el verbo *poimainein* (v.16) significa "actuar como un pastor", y habla de la nutrición y el cuidado que se espera que un pastor asegure para sus ovejas.

96 Jesús le había llamado *petros*, que puede referirse a una piedra o a valentía. Él entonces hace un juego de palabras y declara que sobre esta *petra* Él edificará su Iglesia. El último término por lo general se refiere a una roca

En cambio, a pesar de su declaración valiente de estar dispuesto a morir por Cristo (Mt 26:35; Mc.14:31), cuando fue probado había fracasado miserablemente. Indudablemente, sus negaciones llegaron al conocimiento de los otros apóstoles y discípulos, añadiendo a su miedo e inseguridad. No obstante, ahora Jesús se dirige a Pedro, y por cada negación hay nueva confirmación de su confianza personal. Por cada negación hay una nueva comisión al llamado y la misión originales.

Este encuentro sin duda restauró la confianza devastada de Pedro, y consoló su conciencia llena de vergüenza. Él fue afirmado por Jesús, y podía ahora asumir una restaurada imagen de sí mismo en la obra del evangelio. Además, fue atestiguado por los otros apóstoles y sirvió también para restaurar la fe de ellos. Ellos se dieron cuenta de que como Pedro, a pesar de su fracaso, tenían un lugar en el plan y propósito de Dios.

PENSAMIENTOS PARA CONCLUIR

Pedro es usado por los predicadores como un ejemplo de cualquier cantidad de defectos o rasgos de carácter, pero si examinamos este episodio de su vida, él es una ilustración de algo común para todos: los cristianos fallan. Sí, sí lo admitimos; fallamos y a veces fallamos estrepitosamente. Pero, como alguien lo dijo: "La única cosa peor que el fracaso es no levantarse e intentarlo de nuevo."

Muchos cristianos ven su fracaso como irreversible. Dios ya se cansó de ellos, así que, por qué siquiera intentarlo. Quizás, la naturaleza y la circunstancia de su fracaso son tan horribles ante sus ojos, y la culpa tan grande, que ellos no pueden siquiera imaginar la idea de que Dios pueda usarlos de nuevo alguna vez.

Si este es su caso, considere la historia de Pedro. ¿Realmente considera usted su fracaso mayor que el de él? Pedro había

---

masiva o enorme. Véase Liddell y Scott, *An Intermediate Greek-English Lexicon*, 7a ed., 636. El cambio de términos sugiere que es la confesión de Pedro, de Jesús como el Cristo, el fundamento sobre el cual la Iglesia está edificada. (Mt 16:18; cf. Ef 2)

caminado como uno de los más íntimos (uno del "grupo de los tres") de los discípulos elegidos por Jesús.

Durante tres años había disfrutado del compañerismo estrecho con Jesús, el Mesías, y de cada revelación y experiencia privilegiada que Dios alguna vez dio a la humanidad. Se le advirtió repetidamente acerca del arresto, proceso y muerte de Jesús, y aún así cuando llegó la hora huyó con el resto y abandonó a su Señor. La vergüenza se intensifica cuando usted se da cuenta de que, aunque advertido de su fracaso, no fue capaz siquiera de admitir que era discípulo de Cristo, ni siquiera delante de una sencilla sirvienta (Mt 26:69-72), quién no representaba ninguna amenaza inmediata para él.

No obstante todo lo dicho más arriba, cuando Pedro vino a Jesús, Él lo perdonó, lo restauró, y lo aceptó de vuelta. El Señor conoce su corazón así como conocía el corazón de Pedro. Su fracaso no fue imprevisto; tampoco fue predeterminado. Si usted *viene a Él*, Jesús hará con usted lo que hizo con Pedro. Su amor no ha cambiado. La gracia de su perdón y restauración están todavía disponibles.

PREGUNTAS DE REFLEXIÓN

1. Discutan entre ustedes si Pedro tenía la intención de volver a su antigua profesión como un pescador cuando dijo: "Voy a pescar" (Jn 21:3). Dé las mejores razones con evidencias proporcionadas por los Evangelios.

2. Comente sobre el hecho de que Jesús llamó primero a Pedro mientras él pescaba (véanse Mt 4:19-20; Mr 1:17-18; Lc 5:10) y ahora renueva ese llamado en las mismas circunstancias. ¿Ve usted otros paralelos entre estas dos ocasiones?

3. ¿Imagine qué había en la mente de Pedro mientras caminaba por el agua hacia tierra para encontrarse con Jesús? Aunque él hubiera visto antes al Cristo resucitado (Jn 20:19-31), ¿qué dudas y temores piensa que podría haber albergado? Qué extraño es el silencio de Pedro hasta el versículo 15. Compartan sus pensamientos sobre este tema.

4. ¿Cuán factible es la sugerencia de que la fraseología de Juan esté motivada teológicamente, y que los discípulos de Jesús lo reconocieron en la "toma" y el "repartimiento del pan"?

5. Considere los paralelos entre las tres negaciones de Pedro y sus tres afirmaciones de amor por Jesús, afirmaciones hechas en respuesta a las preguntas directas de Jesús. ¿Cuán importantes fueron ellas para la completa restauración de Pedro y su preparación para su ministerio apostólico? ¿Ha fallado usted alguna vez al Señor estrepitosamente? ¿Trajo esto culpa y vergüenza? ¿Qué mensaje de consuelo puede usted aprender de la historia de Pedro?

LA NAVIDAD SEGÚN EL EVANGELIO DE JUAN

JESÚS VINO A NOSOTROS
JUAN 1:1-18

Introducción

El Evangelio de Juan no tiene ninguna narrativa del nacimiento de Jesús o de su infancia, por lo tanto en un sentido literario formal no contiene ninguna historia de la Navidad. Sin embargo, Juan presta cuidadosa atención a la entrada de Jesús en el mundo, y para él no es sólo el principio del Evangelio, sino que es *su* historia de la Navidad.

Hasta ahora en nuestro estudio nos hemos concentrado en la gente *que vino a Jesús*. Pero ninguno de estos encuentros habría sido posible a menos que Jesús hubiera *venido* primero a nosotros. En otras palabras, Dios vino a nosotros,[97] a fin de que pudiéramos venir a Él. Juan deja esto claro en el prólogo de su Evangelio. Sírvase considerar los versículos 6-11, que introducen nuestro tema: *Jesús vino a nosotros*

I. LA CONDICIÓN QUE LO TRAJO

El mundo al cual Jesús vino tenía una condición total y universal de tinieblas. El lenguaje de Juan: "En el principio",

---

97 Mateo (1:23; cf. Is 7) presenta el mismo punto cuando, al citar Isaías 7:14, él llama a Jesús "Emanuel", que traducido es "Dios con nosotros."

recuerda la tiniebla universal que caracterizó la primera creación. En la Génesis 1:1-3 leemos: "En el principio creó Dios los cielos y la tierra. Y la tierra estaba desordenada y vacía, y las tinieblas estaban sobre la faz del abismo, y el Espíritu de Dios se movía sobre la faz de las aguas. Y dijo Dios: Sea la luz; y fue la luz."

Obviamente, Juan compara la primera creación con lo que Dios hace al traer a Cristo al mundo. Note que él también menciona la primera creación (v. 3) antes de hablar de la venida de la luz. El apóstol Pablo habló de la redención de Cristo como una "nueva creación" (2 Co 5:17). También contrastó los efectos del pecado de Adán con la justicia y vida proporcionada por Cristo, el segundo Adán (Ro 5:14-21; cf. 1 Co 15:22, 45).

La tiniebla de la que Juan habla no es física. Jesús entró en un mundo envuelto por lo que popularmente es llamado "tiniebla espiritual." La condición es descriptiva de un mundo enajenado y desvinculado de Dios y su *luz* vivificante. La luz es otra metáfora y símbolo que habla de la revelación de Dios y la verdad que trae la salvación. David preguntó: "El Señor es mi luz y mi salvación; ¿de quien temeré?" (Sal 27:1). Juan usa la luz para referirse a la revelación de la verdad de Dios en la persona de Jesucristo, por medio de quien viene la salvación y la vida eterna. El mundo en el cual Jesús entró carecía de tal luz.

II. EL PROPÓSITO DE SU VENIDA

Para remediar esta situación se necesitó un acto de la gracia de Dios. Juan escribe en el versículo 17: "Pues la ley por medio de Moisés fue dada, pero la *gracia* y la verdad vinieron por medio de Jesucristo."[98]

---

[98] Una advertencia es necesaria. Juan no declara que la Ley no contenía ninguna revelación de la gracia o la verdad de Dios. Todo el sistema de sacrificios levítico estaba basado en la gracia, la buena voluntad de Dios de otorgar su favor y perdón a personas que no lo merecen. Ciertamente la Ley fue una revelación de Dios y su verdad (véase Ro 3:1,2). Sin embargo, la luz proporcionada según la Ley era sólo una vela, en comparación con el resplandor del sol al mediodía, y Juan comunica esto yuxtaponiendo la revelación de la Ley dada por Moisés, y la que es dada por medio de Jesús, el Mesías.

Jesús vino para traer la luz, aquella revelación de Dios que provee vida eterna (1:4). De hecho, Jesús no sólo vino para traer aquella luz, Él *es* aquella luz. Posteriormente, Juan recuerda sus palabras en la Fiesta de los Tabernáculos en Jerusalén:[99] " Yo *soy* la luz del mundo; el que me sigue no andará en tinieblas, sino que tendrá la luz de la vida."

Esta iluminación espiritual era necesaria también para que la humanidad viera a Dios. "A Dios nadie le vio jamás", escribe Juan (1:18). Esto no significa que Dios no había dado revelaciones de sí mismo en el Antiguo Testamento, porque Él ciertamente lo hizo. Se dice que Moisés, junto con Aaron y sus hijos, y con setenta ancianos vieron al "Dios de Israel" (Éx 24:10). Isaías dice que él "vio al Señor sentado sobre un trono alto y sublime" (Is 6:1).

Sin embargo, cualquiera fueran las "teofanías" (apariciones de Dios) que podemos encontrar en el Antiguo Testamento, ellas fueron revelaciones parciales e incompletas. Ellas no eran la revelación de Dios como Él *es* en su gloria no revelada.[100]

---

99 La luz era un tema importante de la Fiesta de los Tabernáculos, que conmemoraba la provisión de Dios para con Israel en el desierto. Usted recordará que Dios fue delante de Israel por la noche como una columna de luz-fuego (Éx 13:21,22). En los días de Jesús el patio del templo era iluminado por lámparas dispuestas sobre postes elevados. Durante siglos, los judíos no recordarían sólo la provisión de Dios el el desierto, sino también su promesa de salvación (Is 9:2) bajo la metáfora de la luz.

A través del prometido Siervo de Dios (el Mesías), Dios prometió revelar su gloria (Is 49:3) y proveer una salvación que es universal: "Poco es para mí que tú seas mi siervo para levantar las tribus de Jacob, y para que restaures el remanente de Israel; también te di por luz de las naciones, para que seas mi salvación hasta lo postrero de la tierra" (v. 6). Véase Ben Aker, *Juan*, en *The Full Life Bible Commentary of the New Testament*, ed. French L Arrington and Roger Stronstad (Grand Rapids: Zondervan Publishing House,, 1999), 52.

100 Los lectores del Antiguo Testamento recordarán que Moisés pidió ver la gloria de Dios (Éx 33:18), pero Dios le dijo que tal revelación le costaría la vida (v. 20). En cambio Dios ofreció *una revelación parcial* de su gloria, escondiéndole en una hendidura de una roca, protegiéndole con su mano y

Esta revelación fue dada únicamente y exclusivamente por su Hijo, Jesucristo. Jesús posteriormente respondería a la petición de Felipe: "Señor, muéstranos el Padre, y nos basta." Jesús le dijo: "¿Tanto tiempo hace que estoy con vosotros, y no me has conocido, Felipe? El que me ha visto a mí, ha visto al Padre; ¿cómo, pues, dices tú: Muéstranos el Padre?"

Puede haber poca duda de que las palabras de Jesús indican que aquellos que lo han visto a Él (y han recibido su verdad revelada) han contemplado el rostro de Dios, una revelación que fue negada a todos los creyentes del Antiguo Testamento, incluyendo a Moisés. Esta revelación es extendida a cada creyente del Nuevo Testamento que oye el evangelio de Jesucristo. Esto se debe a que el evangelio no es sólo un testimonio de esta revelación, sino que es una revelación de Dios.

Hablando del evangelio, el apóstol Pablo lo describe como el vehículo de la "luz" que revela "la gloria de Cristo, el cual es la imagen de Dios" (2 Co 4:4). Además, el recibir la revelación de la gloria de Cristo es ver a Dios: "Porque Dios, que mandó que de las tinieblas resplandeciese la luz, es el que resplandeció en nuestros corazones, para iluminación del conocimiento de la gloria de Dios en la faz de Jesucristo" (2 Co 4:6). Por lo tanto, aquellos que aceptan el evangelio de Jesucristo han recibido la revelación de Jesucristo, el unigénito o único [101] Hijo de Dios. Aceptar tal revelación trae una revelación de Dios mismo y de su gloria. Ver a Jesús es contemplar el rostro de Dios.

III. LA NATURALEZA DE SU VENIDA

Desde el primer versículo del Evangelio de Juan encontramos el *Logos*, "Palabra" o "Verbo". El término fue usado por filósofos griegos para identificar la razón, o el principio racional, que trajo orden al universo. Filón, un filósofo judío, combinó este

---

luego quitándola sólo después de que su gloria había pasado. Moisés vería la "espalda" de Dios, pero no su rostro (vv. 22,23).

101 La palabra "unigénito" viene de la palabra griega *monogenēs*, que designa a alguien o algo que es único de su tipo o clase. Véase DBAG, 3ra ed., P 658.

concepto con conceptos del Antiguo Testamento de la "palabra", y sobre todo "la sabiduría de Dios" personificada, encontrado en Proverbios 8. Con el tiempo, el judaísmo llegó a asociar el término con la sabiduría personificada y la Ley.[102] Ahora, ningún judío se molestaría ante estas asociaciones, pero Juan hace algo que es tanto escandaloso como increíble. Él declara que "el verbo *era* Dios".

La palabra "encarnación" es un término teológico para lo que Juan describe en el versículo 14: "Y aquel Verbo fue hecho carne, y habitó entre nosotros." Aquí encontramos un misterio milagroso. Simplemente declarado, Dios vino a la tierra en la persona de su Hijo, Jesús. Él se hizo uno con nosotros, tomando la forma de naturaleza humana y caminando entre nosotros. Así, en un sentido literal, Jesús es *Emanuel*: "Dios con nosotros".

Es bien sabido que las leyendas de teofanías eran comunes en el mundo griego. Dioses greco-romanos con frecuencia aparecían como hombres a la gente y andaban entre ellos. Pero la encarnación es esencialmente diferente. Dios no sólo *apareció* como hombre, sino que Él *se hizo* hombre, sujetándose a todo el rango de la experiencia humana con todas las limitaciones y cargas que conlleva una criatura (v. 11), aunque sin pecado (He 4:15). "Es difícil para nuestra mente concebir tal evento y casi es impensable si no se nos hubiese revelado en las Escrituras."

IV. LA BENDICIÓN DE SU VENIDA

La bendición es, por supuesto, la revelación de sí mismo. Tal acto es un suntuoso regalo de la gracia que Dios otorgó a la humanidad. Juan comenta: "Porque de su plenitud tomamos todos, *y gracia sobre gracia*" (v. 16). Esta bendición tiene una consecuencia increíble: la posibilidad de establecer una RELACIÓN eterna con Dios (v.14). "Mas a todos los que le recibieron, a los

---

102 Keener, *IVP Background Commentary: New Testament*, 264. Keener indica que al llamar a Jesús la *Palabra*, Juan declara que Él encarna la revelación plena del Dios conocido para nosotros en las Escrituras del Antiguo Testamento.

que creen en su nombre, les dio potestad de ser hechos hijos de Dios" (v. 12). La expresión griega señala no sólo un cambio de estado o identidad, sino de naturaleza.[103] Esto es llevado a cabo al "nacer de nuevo"[104] en el reino de Dios por un nuevo nacimiento llevado a cabo por el Espíritu (3:3-7).

Dios autoriza esta transformación maravillosa, pero es condicional. Este nuevo nacimiento viene al recibir a Aquel que es la luz: Jesucristo. En el paralelismo de Juan 1:12, "recibir" significa "creer". Por lo tanto, la fe en Jesucristo es seguida por la autorización de Dios de convertirnos en sus hijos. La palabra "adopción" no se usa aquí, pero aparece implícita en la palabra autoridad (Gr. *exousia*) y en el cambio de posición.

Sin embargo, el versículo 13 contrasta la naturaleza y el origen de dos nacimientos: el nacimiento natural que viene de la iniciativa humana y un nacimiento sobrenatural que encuentra su fuente e iniciativa en Dios. Este nacimiento abre para nosotros una nueva fuente y calidad de vida, la vida de Dios, que es eterna. La promesa de la vida eterna es la herencia y esperanza de todo creyente. Como Juan escribe en su primera epístola:

> *El que cree en el Hijo de Dios, tiene el testimonio en sí mismo; el que no cree a Dios, le ha hecho mentiroso, porque no ha creído en el testimonio que Dios ha dado acerca de su Hijo. Y este es el testimonio: que Dios nos ha dado vida eterna; y esta vida está en su Hijo.* 1 Jn 5:10,11

Así, la venida de Jesús al mundo vino como una bendición múltiple. Contenía la oferta de Dios de llegar a ser sus hijos a través de la fe y también el experimentar un nuevo nacimiento –un nacimiento que imparte la vida de Dios como una posesión presente y como una herencia eterna."

---

103 Note la expresión: "les dio potestad [autoridad, derecho] de ser hechos hijos de Dios". Puede entenderse que la ausencia del artículo definido enfatiza el estado cualitativo de ser hijos de Dios.

104 La frase griega también puede ser traducida "nacer de lo alto". Cualquiera sea la traducción, el nuevo nacimiento es sobrenatural, hecho posible por la iniciativa de Dios a través del Espíritu.

PENSAMIENTOS PARA CONCLUIR

Pensándolo mejor, el título para este capítulo de cierre podría haber sido: "Él vino a nosotros: el regalo de Navidad de Dios". Jesús *es* el regalo de Dios a nosotros. Él fue el mayor regalo alguna vez dado a la humanidad. Es el único regalo que puede otorgar vida eterna y ofrecer una relación eterna con Dios. Como todos los regalos dados con amor, la gratitud y el deleite del receptor es la respuesta más apreciada buscada por el benefactor. Imagine el dolor y la desilusión que sus propios padres habrían sentido si una mañana de Navidad, después de que ellos los hubieran preparado durante meses, usted no abriera sus regalos.

Dios ha preparado desde la eternidad el regalo inestimable de su Hijo. Quedándonos con el tema de la Navidad, podríamos decir que Él cuidadosamente lo envolvió y puso bajo el árbol. Tiene su nombre escrito en él. No obstante, usted tiene que abrirlo. Usted tiene que desenvolverlo. Usted tiene que recibirlo. Para recibirlo, usted debe aceptar el regalo de Dios creyendo que él envió a su hijo Jesucristo porque Él le amó. Debe creer que cuando Jesús murió en una cruz por los pecados del mundo, murió por *usted;* que cuando Él resucitó, se levantó para darle a *usted* vida nueva. Otra vez, todo lo que Él pide es que usted desenvuelva su regalo. Para hacer esto, admita que es pecador y que necesita del regalo de Dios. Pida a Cristo que entre en su vida de modo que pueda vivir como un hijo de Dios.

PREGUNTAS DE REFLEXIÓN

1. Diga sus pensamientos en cuanto al motivo de que Juan no tiene una narrativa de nacimiento. ¿Por qué supone usted que él no incluyó una?

2. ¿Cómo la convicción postmoderna de pluralismo religioso se complica ante la representación de Juan de un mundo en tinieblas hasta que Cristo vino a traer la luz? ¿Hay alguna luz en las religiones no cristianas? De ser así, ¿en qué consiste ésta y de donde procede? ¿Es esta luz suficiente para asegurar la salvación de Dios y la vida eterna?

3. Describa cómo Jesús *es* "la luz del mundo". ¿En que formas Jesús fue un conducto de la revelación de Dios? ¿Cómo es la "luz" una metáfora apropiada para la revelación que Dios envía en la persona de Jesucristo?

4. ¿Cómo la "gloria de Dios" está relacionada con la revelación o "luz" que la venida de Jesucristo trae? Compare las preguntas y respuestas en los casos de Moisés (Éx 33:17-23) y Felipe (Jn 14:8-13). Considere cómo esta comparación demuestra la superioridad de la revelación de Dios en el Nuevo Testamento por sobre la del Antiguo Testamento. Véase también 2 Co 3:2-18.

5. Considere cómo, si Juan escribió para que su obra fuera extensamente leida y aceptada, falló estrepitosamente en ser "políticamente correcto". Liste y discuta las maneras en que la doctrina de la "encarnación" habría sido escandalosa para los judíos que leyeron el Evangelio de Juan. ¿Cómo la encarnación de Dios en Cristo se diferencia de las supuestas apariciones de dioses en la mitología greco-romana?

www.ingramcontent.com/pod-product-compliance
Lightning Source LLC
Chambersburg PA
CBHW060942040426
42445CB00011B/974